BADERNA

PUTAFEMINISTA

MONIQUE
PRADA

PREPARAÇÃO **TETÉ MARTINHO**
NOTAS **COLETIVO BADERNA**
REVISÃO **VIVIAN MIWA MATSUSHITA E GUILHERME MAZZAFERA**
PROJETO GRÁFICO E CAPA **GUSTAVO PIQUEIRA | CASA REX**

Dados Internacionais de Catalogação na Publicação – CIP

P896 Prada, Monique
Putafeminista / Monique Prada. Prefácio de Amara Moira.
Apresentação de Adriana Piscitelli. – São Paulo: Veneta, 2018.
(Coleção Baderna)
108 p.

ISBN 978-85-9571-034-4

1. Prostituição. 2. Prostituição Feminina. 3. Relações de Gênero.
4. Feminismo. 5. Prostitutas. 6. Trabalho Sexual. 7. Vulnerabilidade,
8. Movimentos Sociais. 9. Movimento das Trabalhadoras Sexuais.
10. Luta Feminista. I. Título. II. Série. III. Puta, ofensa madre. IV. Uma
rosa é uma rosa, não importa como você a chame. V. Empoderamento
financeiro "e o dinheiro que não empodera". VI. Puta – sujeito,
não objeto. Refletindo sobre quem somos: (re)pensando feminismos.
VII. "Meu corpo, minhas regras". VIII. De Gabriela Leite à Putíssima
Trindade: feminismo em chamas. IX. A puta na internet: dos chats
ao ativismo virtual. X. Do começo. XI. Um debate truncado pelo pânico
moral: a regulamentação da prostituição no Brasil. XII. Moira, Amara.
XIII. Piscitelli, Adriana

CDU 305   CDD 306

Catalogação elaborada por Regina Simão Paulino – CRB 6/1154

EDITORA VENETA
Rua Araújo, 124 1º andar 01220-020 São Paulo SP
www.veneta.com.br | contato@veneta.com.br

COLEÇÃO
BADERNA

PROVOS
MATTEO GUARNACCIA

A REVOADA DOS GALINHAS VERDES
FÚLVIO ABRAMO

A ARTE DE VIVER PARA AS NOVAS GERAÇÕES
RAOUL VANEIGEM

ESCOLAS DE LUTA
ANTONIA J. M. CAMPOS
JONAS MEDEIROS
MARCIO M. RIBEIRO

68
COMO INCENDIAR UM PAÍS
MARIA TERESA MHEREB
ERICK CORRÊA

TAZ
ZONA AUTÔNOMA TEMPORÁRIA
HAKIM BEY

PREFÁCIO **PROSTITUINDO SABERES** Amara Moira 11

APRESENTAÇÃO Adriana Piscitelli 17

1. **PUTA, OFENSA MADRE** 25

2. **UMA ROSA É UMA ROSA, NÃO IMPORTA COMO VOCÊ A CHAME** 53

3. **EMPODERAMENTO FINANCEIRO E "O DINHEIRO QUE NÃO EMPODERA"** 63

4. **PUTA – SUJEITO, NÃO OBJETO. REFLETINDO SOBRE QUEM SOMOS: (RE)PENSANDO FEMINISMOS** 67

5. **"MEU CORPO, MINHAS REGRAS"** 73

6. **DE GABRIELA LEITE À PUTÍSSIMA TRINDADE: FEMINISMO EM CHAMAS** 79

7. **A PUTA NA INTERNET: DOS CHATS AO ATIVISMO VIRTUAL** 83

8. **DO COMEÇO** 89

9. **UM DEBATE TRUNCADO PELO PÂNICO MORAL: A REGULAMENTAÇÃO DA PROSTITUIÇÃO NO BRASIL** 97

"A divisão das mulheres entre boas e más beneficia a estabilidade do sistema. O estigma da prostituição nada tem a ver com o que as trabalhadoras sexuais são ou fazem. Ele representa um potente elemento de controle para as mulheres que não atuam na indústria do sexo. O modelo de esposa e mãe abnegada exige muito sacrifício. Ainda que se diga que a mulher é a rainha do lar, sabemos que não é, que é uma pessoa a serviço de todo mundo. É um modelo tão pouco atraente e com tão pouca recompensa e reconhecimento que a única forma de conseguir que as mulheres se adéquem a ele é assegurar a elas que a outra possibilidade é pior."

Dolores Juliano[1]

---

[1] Dolores Juliano (1932) é uma antropóloga argentina, professora aposentada da Universidade de Barcelona e estudiosa das questões étnicas e de gênero.
É autora, entre outros livros, de *La prostitución: el espejo oscuro* (Icaria Editorial, 2002). Militante feminista, participou dos trabalhos da comissão sobre prostituição do Congresso Argentino, em 2002.

PREFÁCIO
POR AMARA MOIRA

Amara Moira é travesti, trabalhadora sexual, putafeminista, autora do livro autobiográfico *E se eu fosse puta* (Hoo, 2016) e doutora em teoria literária pela Unicamp.

PROSTITUINDO SABERES

Ouve-se que políticos se prostituíram para aprovar tal emenda, então aproveitam para chamar o golpista da vez de filho da puta, e a deputada que bate de frente com machistas tem o nome de seu cargo grafado de forma a ressaltar a palavra "puta". Acontecimentos banais mostram o quanto estamos presentes no imaginário político nacional – o que não impede que se estranhe quando Gabriela Leite lança sua candidatura, em 2010, com o slogan "Uma puta deputada". E não para por aí a teia complexa de associações em torno da palavra "prostituição".

Da moça que enfrenta sozinha as madrugadas frias atrás de clientes, uma cena que conhecemos tão bem, diz-se que leva "vida fácil". Talvez por isso ainda cause risos a ideia de que essa atividade, já reconhecida pela Classificação Brasileira de Ocupações (CBO), possa e até mesmo deva ser regulamentada ("Daqui a pouco vão querer tudo, todos os direitos, vão querer até carteira assinada", chegou a afirmar um figurão da política que, mesmo não se mostrando sensível à nossa luta, frequentemente é tratado como se fosse nosso filho).

Sim, queremos tudo, todos os direitos, e para ontem. É esse o motivo de nos organizarmos politicamente enquanto categoria há mais de 30 anos e buscarmos estabelecer diálogos, seja com o governo, seja com a sociedade civil. Para nosso espanto, no entanto, vamos descobrindo que a luta das mulheres para trabalhar em condições melhores, impor um protocolo de segurança inegociável, ganhar melhor e pensar estratégias para combater o estigma que pesa sobre nossos ombros (e que serve para manter todas sob controle) só é considerada indubitavelmente feminista quando não envolve prostitutas. Para parte considerável dos movimentos sociais, prostituição remete diretamente a ideias como exploração sexual infantil, cárcere privado, estupro pago e tráfico de pessoas.

Como construir uma luta quando, no imaginário social e mesmo para os setores engajados da sociedade, ela está irremediavelmente atrelada a tudo o que existe de mais perverso em termos de violência? A questão faz com que muitas vezes se discuta a possibilidade de, seguindo o que já é usual no cenário internacional, substituir a palavra "prostituição" por "trabalho sexual" como forma de forçar a sociedade a reconhecer que somos apenas e tão somente pessoas (adultas e capazes de consentir) que tiram seu sustento do sexo. Trabalhadoras, portanto, e não crianças ou pessoas prostituídas, traficadas, mantidas em situação de cárcere e/ou vítimas de estupros constantes.

É óbvio que existem pessoas vivendo nessas condições; falar delas, porém, é falar de crimes que precisam e devem ser combatidos, e não de um trabalho, o nosso, e da luta para torná-lo mais seguro. Tratar as múltiplas realidades do trabalho sexual como iguais e igualá-las, ainda, a condições de privação extrema de direitos, lançando mão de linguagem sensacionalista para incitar pânico e impedir qualquer possibilidade de diálogo, têm sido formas de demonizar não apenas nossa existência, mas também nossas tentativas de nos organizarmos politicamente e protagonizarmos a luta que leva nosso nome.

Mas nada se transforma pela simples troca de palavras. Palavras, quem dera, não têm esse poder e nem conseguem fazer pessoas que se viraram como prostitutas a vida toda virarem, num estalar de dedos, trabalhadoras sexuais ou "profissionais do sexo". A higienização que se percebe aí, assim como a impressão de falseamento e de academicismo – além do fato de muitas de nós assumirmos ainda hoje a visão oficial, depreciativa, da atividade que exercemos –, explicam a resistência a essas propostas de nomenclatura. Daí não haver ainda consenso a esse respeito dentro do próprio movimento.

E, no meio dessa queda de braço que nos vê ora como vítimas, ora como meliantes, surge a necessidade de buscar uma forma de falarmos por nós mesmas e de convidar as palavras com as quais somos identificadas, e aquelas que usamos para nos identificar a assumir significações que contestem essas narrativas engessadoras, violentas. Assim como se dá com "vadia", "viado", "bicha", "travesti", palavras que não por acaso convivem lado a lado, nas sombras da sociedade, com essa que nos ocupa aqui no prefácio. Será possível pensar outros sentidos para prostituição, prostituir? Sentidos revoltosos, insubmissos, que desafiem essa teia de associações em que nos querem presas? Talvez esse seja o grande mérito do livro de Monique Prada.

A literatura traz personagens prostitutas desde os primórdios. A medicina também vem dedicando muita atenção à atividade, assim como a antropologia, o feminismo e outros tantos ramos do saber. Mas ainda são poucas as obras escritas por nós. Ainda são poucas, pelo menos no Brasil, as prostitutas que se arriscaram a pensar palavras para a própria existência e que conseguiram vê-las publicadas.

Gabricla Leite, pioneira com *Eu mulher da vida* (Rosa dos Tempos, 1992) e *Filha, mãe, avó e puta* (Objetiva, 2009), contou com um *ghostwriter* em ambos os livros, mesmo procedimento de que se valeram Bruna Surfistinha no best-seller *O doce veneno do escorpião – O diário de uma garota de programa* (Panda Books, 2005) e em dois outros livros, e Andressa Urach, com o também recordista de vendas *Morri para viver* (Planeta, 2015). Fernanda Farias de Albuquerque, por sua vez, escreveu em coautoria com Maurizio Jannelli sua autobiografia *A princesa – Depoimentos de um travesti brasileiro a um líder das Brigadas Vermelhas* (Nova Fronteira, 1995).

O fato de serem obras escritas por *ghostwriters* ou em coautoria não diminui seu mérito, mas é interessante perceber que aos poucos vai se fazendo mais forte a vontade de inventarmos nós mesmas palavras, caminhos, perspectivas que falem sobre aquilo que vivemos ou deixamos de viver. Essa vontade de escrever as próprias histórias e reflexões e de inscrevê-las na história das produções sobre gênero e trabalho sexual tem uma relação direta com a intimidade que vamos construindo com as redes.

Cresce a cada dia o número de trabalhadoras sexuais que, brincando ou não de anonimato, atrás ou não de conquistar clientes, inventam de escrever sobre si mesmas e sobre o que vivem em blogs e outros formatos digitais. É dessa experiência que surgiram os seis livros de Vanessa de Oliveira, sobretudo o interessantíssimo *Diário de Marise* (Matrix, 2006); *O prazer é todo nosso* (Mosarte, 2014), de Lola Benvenutti; e meu próprio livro, *E se eu fosse puta* (Hoo, 2016). *Eu, Dommenique* (Leya, 2012), de Dommenique Luxor, obra que explora o universo dos fetiches e das sessões de dominação, também merece lugar nessa lista.

Monique Prada vem desse universo das redes, no qual foi se aprimorando no debate das ideias. Ao mesmo tempo, tendo vivido múltiplas modalidades do trabalho sexual, é diferente disso tudo que até então existiu.

Ela faz autobiografia, como todas têm feito, mas não dá o que se esperaria de nós. Os clássicos relatos sobre o que clientes famosos e importantes buscam em nossa cama, taras, confidências, as coisas que nos imaginam capazes de escrever, não têm vez em sua obra, e ela já diz isso logo nas primeiras páginas. Pouco fala dos homens. Prefere focar sua atenção em uma série de outros debates que nos ajudam a compreender por outra perspectiva o trabalho que exerce e seu lugar na sociedade.

A construção do movimento em meio a atritos e articulações com os feminismos, com as esquerdas e os demais movimentos sociais; paralelos entre a vida de mulheres prostitutas e não prostitutas; as múltiplas realidades do trabalho sexual e as maneiras distintas com que encaramos a atividade; a precariedade que permeia parte considerável do seu exercício; as ideias de escolha e de empoderamento que costumam atravessar essa discussão; e, sobretudo, a necessidade e também o gostinho de falar cada vez mais por nós, de escrevermos nós mesmas sobre o que julgamos pertinente para a compreensão, seja da nossa realidade, seja da sociedade ao redor.

Engana-se quem acredita que Monique Prada fala somente (nem sei se esse "somente" cabe aqui, aliás) de prostituição. Ela vai além e nos faz ver, antes, que a prostituição fala da sociedade e também lhe retira os véus, tornando-se, com isso, uma perspectiva essencial para pensar essa mesmíssima sociedade. Mais: ela escancara o quanto esses não-lugares onde nos queriam presas são justamente aqueles onde as revoluções vão se tramando. Primeira obra putafeminista em nosso idioma, obra de autora puta e puta pensante, obra em que as palavras não se dão ao respeito e fazem tudo menos se comportar: eis o que precisávamos para levar a um novo nível essa prostituição de saberes.

APRESENTAÇÃO
POR ADRIANA PISCITELLI

Adriana Piscitelli é antropóloga, doutora
em Ciências Sociais pela Unicamp e professora
do departamento de Antropologia Social
e do Doutorado em Ciências Sociais da mesma
universidade. É pesquisadora do Pagu,
Núcleo de Estudos de Gênero da Unicamp
e pós-doutora pelas universidades de Barcelona,
Rovira e Virgili, Universitat Autónoma
de Barcelona e de Madrid.

Este livro, escrito por uma mulher que se apresenta como "uma puta e uma puta feminista", adquire uma particular relevância no momento atual do Brasil. No contexto do sério acirramento das tensões que permeiam as arenas políticas no país, Monique Prada se posiciona de maneira brilhante no centro das recentes disputas feministas sobre a prostituição que fazem eco, tardiamente, às divisões dos feminismos sobre o tema na esfera internacional.

Nesse movimento, a autora aciona uma pedagogia feminista "descolonial" com potenciais efeitos positivos no que se refere às reivindicações de direitos das trabalhadoras do sexo e em termos de avanços nas práticas e nas correntes de pensamento feministas. Refiro-me a essa pedagogia aludindo a uma reviravolta na produção de conhecimento feminista, ancorada no esforço de repensar os feminismos a partir de processos de descolonização. Essa epistemologia envolve a elaboração de um pensamento que abre possibilidades para considerar as práticas feministas nos mais diversos locais e espaços sociais de ação, incluindo práticas que não têm sido reconhecidas por correntes de pensamento crítico feminista, principalmente pela dificuldade de considerar as vozes femininas subalternizadas (MILLÁN, 2014: p. 11).

A partir da narrativa experiencial, a autora deste livro, uma prostituta-ativista-feminista oferece uma substantiva contribuição para a compreensão da produção de saberes feministas tecidos em diversos lugares e por diversas vozes. Nesse relato, o "lugar de fala" é acionado em seus sentidos mais produtivos, isto é, remetendo a algo que está além das experiências individuais: as condições sociais ocupadas pelos grupos sociais (RIBEIRO, 2017). A narrativa de Monique Prada possibilita ao leitor vislumbrar a riqueza da experiência como uma porta de entrada para explorar como diferenças e desigualdades, incluindo aquelas engendradas no seio dos feminismos, afetam as trabalhadoras sexuais, abrindo caminhos para compreender os processos que informam o posicionamento da autora (SCOTT, 1987).

Num relato marcado pela honestidade, Monique Prada observa que o elemento que a conduziu como putativista às arenas políticas não foi a sua expertise sexual, mas "a palavra", falando e escrevendo sobre feminismo, política, prostituição e militância.

No âmbito da intensificação das tensões que tem marcado, nos últimos anos, as discussões políticas no Brasil, no debate público, incluindo as discussões nas redes sociais, duras acusações têm sido dirigidas a quem reivindica a regulamentação laboral da prostituição – "quem defende a cafetinagem defende a cultura do estupro"; quem defende a "continuidade da profissionalização do sexo defende a perpetuação do tráfico de mulheres". Essas acusações, mobilizando emoções, têm ido além de negar os direitos reivindicados pelas prostitutas como direitos das mulheres: chegaram inclusive a praticamente converter os objetos dessas reivindicações – a descriminalização do entorno da prostituição e a regulamentação laboral da mesma –e m causa da violência contra as mulheres.

Um dos méritos deste livro é que nele a autora desmonta com perspicácia, delicadeza e firmeza, de maneira extremamente didática c a partir da experiência, várias dessas acusações e os pressupostos que as informam. Nesse movimento, o livro oferece várias contribuições para reforçar as reivindicações das trabalhadoras sexuais. Os argumentos utilizados estão ancorados em uma perspectiva indiscutivelmente feminista, no sentido de estarem baseados no interesse em dar uma resposta política a conflitos de gênero (MCCLINTOCK, 2010) e de incrementar o poder das mulheres (SHOHAT, 2001). Assim, este livro se engaja nas disputas feministas desafiando o feminismo desde "dentro" – e esse é um dos pontos mais instigantes desta obra em termos da reflexão sobre feminismos. E a riqueza da reflexão da autora, que afirma os direitos das trabalhadoras sexuais nessa ótica, sem romantizar nem glamourizar a prostituição e prestando séria atenção às desigualdades de poder que afetam as prostitutas, nos conduz a pensar sobre os fatores presentes na impossibilidade de ouvir as vozes de mulheres que, por diferentes razões, são tratadas como "outras" por algumas correntes feministas.

No Brasil, décadas atrás, a oposição entre feministas e prostitutas foi desafiada por Gabriela Leite, num momento em que sua afirmação como feminista era vista como provocação por setores do movimento feminista no Brasil e também no exterior. O putafeminismo mostra novos movimentos em relação a essa oposição no que se refere à recusa dessa divisão por parte de organizações de trabalhadoras sexuais e também na recepção desse mesmo posicionamento. Essas reivindicações – e essa é a novidade em relação às décadas anteriores – têm suscitado uma aberta aceitação em alguns espaços feministas no Brasil.

Monique Prada chama a atenção para a relevância da internet como "lugar" que possibilitou a reivindicação do espaço que sempre foi negado às trabalhadoras sexuais, amplificado suas vozes. A internet certamente tem adquirido significativa importância na complexa formação do feminismo atual no Brasil. Sonia Alvarez (2014) aborda essa complexidade considerando os feminismos como campos discursivos de ação. A autora percebe esses campos como marcados, neste momento, por um fluxo horizontal de discursos e práticas plurais que se expande em diversos setores paralelos da sociedade civil e para além dela, multiplicando os campos feministas, conduzindo a uma proliferação geométrica de atoras que com eles se identificam e a um descentramento no interior desses feminismos plurais. De acordo com Alvarez, esses campos são articulados mediante pontos nodais, através de redes político-comunicativas e de linguagens, sentidos e visões de mundo pelo menos parcialmente compartilhadas.

Considerando essa importância, Ferreira (2015) observa que, no Brasil, desde 2011, entender as manifestações feministas requer levar em conta as relações mediadas entre redes ativistas *on* e *off-line*. Segundo a autora, nesse período a internet tem tido um papel central na articulação de pessoas e na tradução de termos, ideais e lutas feministas. A *web* teria permitido a constituição de redes que aprofundaram contatos entre grupos já existentes, bem como no interior destes, e, ao mesmo tempo, teria criado outras redes de comunicação como instrumento de identificação e recurso de ação política, em ações que, sem requerer uma militância ou "consciência feminista" prévia, ampliaram consideravelmente o número de pessoas atingidas.

A visibilidade e expansão do putafeminismo e as alianças que ele obteve não podem ser desvinculadas dessas relações. No entanto, no âmbito da complexidade da conformação desses campos discursivos de ação, as putafeministas também têm sido alvo de ataques e colocadas em situações nas quais elas podiam falar, mas não eram ouvidas no sentido de que lhes era negado reconhecimento, uma vez submetidas a processos de subalternização (SPIVAK,

2010). Este livro de Monique Prada contribui para desmontar as noções acionadas nesse não reconhecimento, possibilitando, ao mesmo tempo, perceber as conotações descoloniais do putafeminismo. Refiro-me às práticas feministas das trabalhadoras sexuais – nos termos da autora –, mulheres muitas vezes pobres e com poucos anos de estudos, que não conhecem teorias, mas que desenvolvem essas práticas libertárias, de "um feminismo bruto", para sobreviver.

No âmbito da história dos feminismos no Brasil, produções de conhecimento alternativas e não necessariamente reconhecidas pelos feminismos hegemônicos foram antecipadas, décadas atrás, por outros feminismos, como é o caso dos feminismos negros, registrados no trabalho pioneiro e inovador de Lélia Gonzales (1982; 1988a; 1988b). Essas produções oferecem elementos para analisar os processos de subalternização e de resistência de algumas mulheres e de alguns feminismos. No fervilhante contexto político atual, diversos coletivos de mulheres pouco considerados anos atrás no Brasil reivindicam seu direito à diferença, à igualdade e à resistência em face da colonização dessas diferenças por feminismos hegemônicos. Entre esses coletivos, chamam particularmente a atenção os feminismos indígenas, no seio dos quais alguns grupos denunciam "os coletivos da militância extremista feminista que interferem com pensamento ocidental eurocêntrico e avançam no território indígena"[1] e as putafeministas, embora essas últimas enfrentem maiores dificuldades para obter solidariedades feministas.

Monique Prada afirma que o putafeminismo pode ser entendido como uma possibilidade de repensar toda a estrutura da prostituição, identificando e combatendo as opressões que nela existem, e também como um movimento potencialmente revolucionário, que traz em si a viabilidade e necessidade de desconstruir e reconstruir permanentemente os conceitos. Concordo com

---

1 Página do facebook de Tamikuã Txihi, 4 de maio de 2017.

essas ponderações, mas também considero que ele é potencialmente produtivo para desestabilizar os limites dos feminismos hoje, ampliando os seus alcances, indo além desse movimento em particular. Nisso reside, na minha leitura, um dos principais méritos deste livro em termos de sua contribuição aos debates feministas no momento atual.

Adriana Piscitelli, Campinas, julho de 2018

REFERÊNCIAS BIBLIOGRÁFICAS

ALVAREZ, Sonia E. Para além da sociedade civil: reflexões sobre o campo feminista. *Cadernos Pagu* (on-line), n. 43, pp. 13-56, jan.-jun. 2014.

FERREIRA, Carolina Branco de Castro. Feminismos web: linhas de ação e maneiras de atuação no debate feminista contemporâneo. *Cadernos Pagu* (on-line), n. 44, pp. 199-228, jan.-jun. 2015.

GONZALEZ, Lélia. A mulher negra na sociedade brasileira. In: MADEL, Luz. *O lugar da mulher: estudos sobre a condição feminina na sociedade atual.* Rio de Janeiro: Graal, 1982.

_____. A categoria político-cultural de amefricanidade. *Tempo Brasileiro,* Rio de Janeiro, n. 92/93, pp. 69-82, jan.-jun. 1988a.

_____. Por um feminismo afrolatinoamericano. *Revista ISIS Internacional,* Santiago, v. 9, pp. 133-141, 1988b.

McCLINTOCK, Anne. *Couro imperial.* Raça, gênero e sexualidade no embate colonial. Campinas: Editora da Unicamp, 2010.

MILLÁN, Margara. Introducción – Más allá del feminismo, a manera de presentación. In: _____. (coord.). *Más allá del feminismo: Caminos para andar.* México, D. F.: Red de Feminismos Descoloniales, 2014, pp. 9-15.

RIBEIRO, Djamila. *O que é lugar de fala?* Belo Horizonte: Letramento; Justificando, 2017.

SCOTT, Joan W. Experiência. *American Historical Review,* v. 92, n. 4, pp. 879-907, 1987. Tradução de Ana Cecília Adoli Lima, disponível em: SILVA, Alcione Leite da; LAGO, Mara Coelho de Souza e RAMOS, Tânia Regina Oliveira (orgs.). *Falas de Gênero 14.* Santa Catarina: Editora Mulheres, 1999, pp. 21-55.

SHOHAT, Ela. Feminismos fora do centro. Entrevista com Sônia Maluf e Claudia de Lima Costa. *Revista Estudos Feministas,* v. 1, pp. 47-163, 2001.

SPIVAK, Gayatri Chakravorty. *Pode o subalterno falar?* Belo Horizonte: Editora UFMG, 2010.

1.

PUTA, OFENSA MADRE

Puta, substantivo feminino: profissão. Mulher que vende o próprio corpo para a prática de sexo.

Adjetivo: com muita raiva. Pessoa nervosa, estressada, puta da vida, irritada.

Tomado ao pé da letra: mulher que vive da prostituição. Mulher promíscua, desonesta, de vida fácil.

Puta, prostituta, meretriz, garota de programa, marafona, mulher da vida, messalina, mulher-dama, cortesã, rapariga... Puta. Independentemente do termo escolhido, ele pode tanto se referir a uma profissão quanto indicar a pior das ofensas às mulheres. É bem verdade que algumas palavras podem ser ressignificadas, e uma puta atriz nem sempre é uma atriz prostituta. Mas geralmente se usa como ofensa mesmo (tanto é que uma *meretriz atriz* ou uma *marafona atriz*, vejam só, não parecem termos elogiosos de modo algum).

Pois bem, então é isso o que eu sou, eu mesma me apresento assim: eu sou uma puta.

Uma puta, e uma puta feminista. Prazer em conhecê-la!

Meu nome de registro não é Monique, mas é assim que você me chamará, Monique Prada. Isso conta um pouco sobre a atividade que exerço e que exerci por um período considerável da minha vida: nós escondemos nossos próprios nomes, nossa identidade, somos clandestinas, precisamos viver às sombras. E isso apesar de a atividade existir há séculos. E isso apesar de estarmos em todos os espaços.

No começo dessa história que vou contar agora, escolhi esse nome. Hoje quase todas as pessoas que conheço me chamam assim. É um nome chique, dizem. Imponente até.

Preciso confessar que o escolhi mesmo porque me soava brega, muito brega, brega o suficiente para constar numa lista qualquer de acompanhantes de luxo. Monique como um tipo tosco de homenagem à Evans, uma das musas da minha adolescência. Prada, marca cara... Cá pra nós: existe algo mais brega que uma Prada falsa?

Estava escolhido meu nome artístico, meu nome de guerra, meu nome de batalha. *Mi nombre de clandestinidad*, expressão que aprendi anos depois num hostel em Montevidéu, onde participava do Facción, encontro de midialivristas, em 2015: o motorista encarregado de me levar ao aeroporto chegou para me buscar e procurava por "Monique y Luísa". Eu precisava explicar que éramos uma só. O recepcionista entendeu e disse: *"Ah, es tu nombre de clandestinidad"*.

Algumas dezenas de fotos sensuais amadoras, pérolas de plástico enroscadas por entre as pernas, o sapato preto barato, de salto fino, escondendo o fio puxado das meias sete oitavos, e lá estava eu no tal site de "acompanhantes de luxo", cheirando a falso glamour.

Nada que enganasse um observador mais atento, mas cliente de puta não tem tempo para conferir essas coisas. Tem novidade no site? Parece boa? Liga na hora.

Um blog. Eu escrevia muito mal no início, hoje sei. Mas ter um blog me pareceu uma boa ideia: de algum modo, ele ajudaria a me diferenciar de tantas outras garotas anunciantes, ajudaria muito na triagem de clientes e também era material para puxar assunto na minha chegada. Agendava os encontros direto em motéis, encontros às escuras, surpresas interessantes. Algumas acabavam por ser péssimas, fato. Ainda assim, apareciam mais surpresas boas do que más. Um trabalho tranquilo.

Essa era eu, eu e eu mesma, voltando à prostituição, criando novas histórias e reinventando um jeito meigo e cínico de ganhar a vida. Nada que eu já não tivesse tentado (e conseguido) algumas vezes antes, nenhum caminho que já não conhecesse muito bem, novidade alguma – não seria a primeira vez que eu recorria ao trabalho sexual para ganhar a vida.

O que eu não poderia prever quando (re)comecei na função de puta, de ser Monique, é que as coisas tomariam um rumo tão inusitado. Só sei que de repente lá estava Monique entre outras feministas, putas e não putas, entre políticos e ativistas, textos e entrevistas para todo o lado, correndo este país. E isso não aconteceu graças às minhas nem tão incríveis habilidades sexuais (o que, com alguma sorte, teria me dado muita grana). Ah, não. Foi por conta da palavra, da minha palavra solta e atrevida, que de repente me vi agitadora, escritora sem livros, ativista; uma puta ativista, puta-ativista, putativista, aquilo tudo que você que me lê já sabe.

E então, quando chegou a hora do livro... ai, ai... mais um livro proibido, contando segredos de puta?

Algo sobre mim, talvez importante, talvez não, julguem vocês: sempre adorei escrever, sempre me expressei muito melhor por escrito do que pela palavra falada, dita assim, de improviso. Mesmo assim, nunca havia levado muito a sério a ideia de escrever um livro. E se alguma vez na vida quase cheguei a ter vontade, vontade mesmo, de escrever um livro, a ideia de me aventurar pelos caminhos da ficção sempre me pareceu mais segura e confortável. Mas um tipo de ficção que nem de longe incluísse falar sobre a minha (ao menos a meu ver) desinteressante vida de puta.

Sempre tive a impressão de que existe, em relação à puta que se destaca em qualquer sentido, aquela expectativa de que, em algum momento, ela escreverá um livro, *O seu livro*; é algo quase que obrigatório, que talvez possa garantir uma "aposentadoria" tranquila. Não todas as putas: muita gente não acredita que seja possível ser puta e, ao mesmo tempo, saber escrever (a falsa oposição bumbum gostoso *versus* cabeça pensante; você precisa parecer "séria" para ser lida). Mas se a puta, a meretriz, a acompanhante, aquela que parece tão diferente das outras mulheres, aquela que parece dominar as artes do sexo e da sedução, escreve um livro, deve servir para ensinar às outras mulheres os seus truques, por exemplo, ou, quem sabe, apimentar a imaginação ou abalar a reputação de homens ditos respeitáveis.

Ela tem truques? Não sei, mas ela desperta curiosidade, a mulher que fode muito, fode com quem quer foder, e ainda por cima cobra por isso. É impressionante que estejamos no século XXI e as pessoas ainda sintam tanto desejo de espiar pelo buraco da fechadura sem se deixar respingar; que estejamos no século XXI e a prostituição, tão presente em todos os lares (já que são os ditos pais de família que nos contratam), ainda pareça tão exótica e enigmática para as pessoas, mais que o sexo "não comercial", talvez. Mais impressionante ainda talvez seja perceber, hoje em dia, que tantas coisas sobre a moral sexual não evoluíram e até andaram pra trás. Deve ser por isso que ainda dizem que falar de sexo, escrever sobre sexo, sempre vende muito bem. As pessoas sempre querem saber o que as outras andam fazendo de quatro às escondidas por aí.

Então, não porque possua algum talento especial, mas porque acredita-se que venda bem, nesse livro, a puta (seja com suas palavras ou com ajuda de um *ghostwriter*) contará histórias: estapafúrdias, glamorosas, tristes ou bizarras. Suas histórias exclusivíssimas sobre a vida na prostituição, a mais antiga das profissões, revisitada com suas palavras. Finalmente ela revelará seus incríveis segredos de sedução, quem sabe até algumas obscenidades sobre seus clientes supostamente famosos, que estarão ali escondidos atrás de pseudônimos como BMW Prata ou Executivo Doce. Mais um daqueles livros que a gente lê e fica imaginando quem seriam esses homens na "vida real" – os caras ricos ostentando carrão importado e relógio de ouro, os caras ricos que fodem mal, mas que não nos cansamos de elogiar, na tentativa de tirar uma grana extra, um agrado. Os caras que falam muito e muito alto, que nunca deixam faltar champanhe e sushi. Espumante barato. Caviar, talvez. Picanha e cerveja se for no Sul. Se duvidar, um bom chimarrão. Aqueles caras que fazem questão de pagar, por algumas horas de hospedagem em uma suíte luxuosa de motel, um valor incrivelmente superior à mixaria que reservam para os nossos cachês.

Essa ideia sempre me causou algo entre o desprezo e o riso. Inventar uma rotina de putinha de luxo, inventar cenários paradisíacos e diálogos pretensamente refinados, inventar fantasias tolas, como se tivesse ajudado a realizá-las, nunca me atraiu. Inventar para mim uma vida de desgraças, humilhação e sofrimento me atraía ainda menos.

E então, no meu caminho, surge a Moira, Amara. Quando nos conhecemos, por intermédio da Indianara Siqueira, ela queria começar a escrever sobre sua rotina e suas vivências na prostituição precária em seu blog recém-nascido. Eu a desencorajei em uma conversa pelo Facebook, e lembro de ter pensado apenas algo como "Nossa, mais uma...". Logo me surpreendi com a abordagem, a construção de sua puta identidade travesti, a humanização daqueles clientes tortos, questionamentos mil. E o blog virou livro, um livro com relatos incríveis; e quando finalmente terminei de ler o livro, dissipou-se em mim a impressão de que livro de puta precisa ser *fake* como TD (o relato do programa em blog) de acompanhante pra agradar cliente fixo. Sua literatura me encantava – e encanta – justamente por trazer às minhas narinas o cheiro de tudo o que ela vivia, os desconfortos, as inquietações, as violências até.

Durante um voo bastante turbulento – tão turbulento quanto tem sido minha vida desde que entrei no ativismo –, o livro de

Amara me fez companhia. Mergulhei em suas histórias como a aeronave mergulhava em nuvens carregadas, para em seguida voltar a navegar firme e tranquilamente.

Confesso que tive medo e, por isso, menti: "Sim, sim, Amara! Querida! Devorei o livro em uma noite". Mas não, precisei de mais de um mês para ter coragem de abri-lo novamente e mergulhar em suas histórias – tão íntimas e, ao mesmo tempo, tão conhecidas de todas nós.

Diferentemente dela, eu nunca procurei sequer uma nesga de alma ou de humanidade em meus amantes *per hour*. Era atraída, acima de tudo, pelo sexo sem nomes, sem notar particularidades, sem esse toque tão delicado e profundo de que ela é capaz. A mim sempre atraiu vê-los do mesmo modo que pareciam me ver: a uma distância prudente que me levava a um gozo intenso e sem amarras, muitas vezes sem tomar conhecimento real de sua presença e muito menos respeitar-lhes as vontades. Durante o sexo, eles eram meu objeto de prazer e desejo. Ainda que tenha me tornado amiga de uns ou outros, ainda assim... isso nunca me interessou e sempre foi algo a ser evitado. A foda sem rosto, sem história, sem antes ou depois. Por isso a ideia de relatar esses momentos em livro jamais me atraiu: batia a porta do carro ou do flat e lá ficavam eles, para sempre presos num momento passado.

Amara e seus relatos me trazem uma outra perspectiva, nada fantasiosa, dolorosamente realista. Lá estão as fraquezas, a mesquinhez, os machismos, as misérias. Carinhos e desejos à meia-luz, o cliente pagando a mixaria negociada e Moira roubando-lhe a alma a cada beijo ou tímido fio terra. As dores e delícias da prostituição precária num dos tantos redutos dedicados a essa atividade tão pouco nobre, ela nada ou quase nada esconde da leitora atenta. Há, ainda, o desconforto dessa leitura por quem a conhece e tem carinho por ela – armadilha, lembro, na qual não raro eu caía, logo eu, que conheço o meio e seu fascínio. Fascínio esse que, para além do dinheiro, muitas vezes nos levava a correr determinados riscos (não que não fossem calculados, mas quem pode garantir que nada saia do controle?).

Viajando em Amara, no meio do livro me vi viajando em Monique: algumas tantas portinhas se abrindo, alguns tantos passados me trazendo à realidade: mesmo que não tenha desejado, percebo que também tenho comigo pedaços daquelas almas. Fecho minhas portinhas: esses retalhos de almas que tomei sem intenção não pretendo dividir. Ao menos não neste momento.

Amara toca e me toca. Um texto pulsante, pleno de realidade, sem glamour e sem arrependimentos. Quem sabe um dia também eu me atreva, então, a trilhar esse caminho tão esperado pelo público, mas de um jeito muito, muito *amaramoirístico*?

Mas não ainda, não dessa vez.

Dessa vez, aceitei o desafio de escrever sobre feminismo, política, prostituição, militância, puta ativismo.

Putativismo.

Putafeminismo.

Tomar para si a tarefa de escrever sobre prostituição a partir de um viés feminista, e sobre feminismo a partir da ótica da prostituta que costumo ser, é, ao mesmo tempo, prazer e desafio.

Desafio irrecusável num momento em que, se por um lado temos forças conservadoras avançando ameaçadoramente em todos os âmbitos da sociedade, podemos, por outro, perceber populações historicamente marginalizadas e segregadas esforçando-se para ocupar cada vez mais espaços e amplificar sua voz em um ativismo pulsante, não raro impulsionado pelo uso massivo das plataformas sociais e mensageiros virtuais – que encurtam distâncias e permitem uma produção escrita bruta e coletiva, enquanto ajudam a agilizar ações presenciais.

As tensões estão no ar e podemos respirá-las: enquanto a repressão estatal, as opressões e a xenofobia tomam conta do mundo, a revolução pulsa. Para nós, que falamos em outro mundo possível e realmente acreditamos que estava sendo gestado um mundo melhor, mais igualitário e justo, é assustador ver nascer um mundo fascista e intolerante. Mas apesar dos retrocessos impostos por golpes legislativos e das (más) escolhas populares, resistimos. O movimento feminista mostra seu potencial revolucionário.

Em março de 2017, mulheres de mais de 30 países promoveram a primeira greve mundial para marcar o Dia Internacional da Mulher, com o slogan "Se não nos querem vivas, que produzam sem nós". Inspirado em mulheres polonesas que, diante da ameaça governamental de criminalizar o aborto, legalizado naquele país, ocuparam as ruas, o movimento se espalhou por mais de 50 países. São os feminismos mostrando sua força, ainda que muitas arestas entre as diversas vertentes precisem ser aparadas – e que algumas diferenças se mostrem, finalmente, impossíveis de contornar.

Quando falo em feminismos, e não "feminismo", eu estou lembrando que feminismo não é único, não é uno. Temos os feminismos ditos radicais, o feminismo negro, o feminismo interseccional, o feminismo marxista, o feminismo asiático e por aí vai. Entre os diversos feminismos podemos perceber, já na superfície, inúmeros pontos de tensão e conflito. Isso é bastante natural: falamos de movimentos de mulheres, mas de mulheres diferentes, que existem e resistem a partir de lugares e realidades diversos.

Um desses pontos de conflito – ou, talvez possamos dizer, um dos mais espinhosos – está hoje justamente entre as prostitutas feministas e as feministas que se posicionam contra a ideia de que a prostituição, apesar de estar presente em nossa sociedade há tantos séculos, e de ser exercida por um número considerável de pessoas, a maioria mulheres, deva ser considerada um trabalho possível em nosso mundo – e não pura e simplesmente um tipo de violência contra as mulheres. Ou um tipo de aliança com o patriarcado feita por mulheres pobres que tentam escapar da miséria. Nós, feministas, estamos divididas sobre essa questão hoje.

De um lado, temos um grande setor de mulheres trabalhadoras, a imensa maioria de origem humilde, com pouca escolaridade e quase sempre sem formação profissional, que se auto-organizam para lutar por visibilidade e direitos contra o estigma que afeta a nós e nossas famílias. Mulheres trabalhadoras que se organizam também para garantir o acesso à saúde integral e à informação sobre prevenção de Aids e outras doenças sexualmente transmissíveis. É importante lembrar que, no Brasil, embora o movimento organizado de prostitutas tenha começado a se formar antes dos movimentos de luta contra a primeira epidemia de Aids, elas sempre participaram ativamente da construção de políticas de prevenção junto ao Ministério da Saúde. E podemos dizer que, embora apenas há pouco tempo tenhamos começado a nos identificar mais abertamente como feministas, a nos apropriar do termo feminismo e a falar do que chamamos putafeminismo, o movimento de prostitutas sempre foi feminista. Sempre lutou pelos direitos das mulheres. Ele surge, inclusive, com o apoio de grupos feministas formados por mulheres que não eram trabalhadoras sexuais, nos idos dos anos 1970.

Isso é o que temos do lado de cá.

Do outro lado (e que coisa triste precisar separar mulheres em lados, muitas vezes antagônicos), temos o que no Brasil se costuma chamar de feminismo radical, mas que eu prefiro chamar de feminismo conservador – ou, mais especificamente, o que hoje é denominado *radfem*. Um feminismo que nos vitimiza e que pretende nos resgatar, negando nossa autonomia e nossa capacidade de escolha, e rechaçando violentamente a possibilidade de diálogo com aquelas de nós que não desejam a salvação oferecida e que discordam claramente da ideia, tão propagada, de que esse feminismo seria "contra a prostituição, mas a favor das prostitutas". Contesto esse argumento: não vejo como seria possível uma pessoa se posicionar simultaneamente contra a prostituição e a favor das mulheres que a exercem, a não ser por um erro de interpretação das nossas necessidades reais, nascido da completa falta de diálogo conosco, ou seja, as pessoas que supostamente pretendem defender. Primeiramente, pelo motivo óbvio de que não existimos – nós, as prostitutas – sem a prostituição.

Erradicar a prostituição seria, portanto, numa lógica bem simples (mas importante a ponto de precisar ser explicitada), exterminar prostitutas. Exatamente o que as políticas higienistas têm tentado fazer há séculos, nos expulsando para lugares cada vez mais distantes e isolados e criando leis que servem apenas para nos jogar em situações mais precárias e inseguras. Para nós, é muito difícil ver como aliadas pessoas que defendem a ideia de erradicar nosso trabalho, o trabalho que nos sustenta e sustenta os nossos. E ainda que algumas de nós, de fato, desejemos mudar de atividade – é bastante comum que o trabalho sexual seja apenas um atalho na busca de ocupação melhor –, o modo como essas pessoas colocam a questão é violento, preconceituoso e, por que não dizer, estigmatizante. Na tentativa de evitar que mais mulheres passem a exercer a prostituição, elas reforçam o estigma propositadamente, declaradamente, numa estratégia semelhante à das igrejas, do machismo, do patriarcado.

A ideia de erradicar a prostituição é uma utopia distópica. E se uso essa expressão em vez de simplesmente "distopia" é porque considero até certo ponto válida a utopia de acabar com a prostituição na luta por um mundo com mais igualdade de gênero. Mas é bastante óbvio que a busca dessa utopia pela implementação de políticas abolicionistas ao redor do mundo resultou, por exemplo, em grandes prejuízos às mulheres que exercem trabalho sexual, empurrando-as para a clandestinidade ou mesmo para o cárcere. A defesa do ideal higienista por algumas mulheres resulta na perda, por outras mulheres, do direito de sustentar a si mesmas e suas famílias. É interessante notar que a utopia dita feminista de erradicar a prostituição tem imenso apoio do Estado, dos governos, da Igreja e da sociedade em geral, enquanto outras lutas feministas, como a legalização do aborto ou a equiparação salarial entre homens e mulheres, são duramente combatidas por essas mesmas forças.

As tensões entre essas duas linhas de pensamento feministas, que já eram imensas antes da internet – o movimento de prostitutas surge oficialmente na França, nos anos 1970 –, crescem a partir do momento que nós, prostitutas, não nos limitamos mais a existir apenas em nossos guetos, em nossos locais de trabalho. Não somos mais invisíveis. Passamos a ter a possibilidade de interação em tempo real nas redes sociais, nas quais reivindicamos o espaço que sempre nos foi negado, como mulheres, donas de nossas vontades, de nossos destinos, de nossas escolhas, e plenamente capazes de defendê-las.

Então, surge o estranhamento: que Putas são essas, que ousam falar e contrariar tudo o que se pensa sobre elas? Que Putas são essas que ousam falar e, ainda por cima, ousam se expor sem tarjas e disfarces não apenas nas redes sociais, mas em pessoa, em debates públicos? Que dizem o que se sabe que não pode ser dito, que vivem nos lugares tidos como perigosos, que não são lugares para mulheres: as esquinas, as noites, os prostíbulos, as camas de motéis, com parceiros diversos e muitas vezes desconhecidos – o encontro às escuras. Que putas são essas?

Eu não sei que putas são essas, que putas temos sido nós, que ousamos tanto. Mas uma coisa eu sei: essas não são as putas que a sociedade quer ouvir. Ou ler, no caso. São putas que não combinam com o que o imaginário popular criou: mulheres miseráveis que fazem qualquer coisa por um prato de comida e que não tiveram nenhuma outra oportunidade na vida a não ser realizar os desejos sexuais bizarros de homens maus e pervertidos. A sociedade quer que fiquemos no lugar que ela nos reservou, o único espaço possível para mulheres como nós: o espaço da precariedade, da exclusão, da marginalidade, da clandestinidade, da violência.

Melissa Gira Grant, jornalista e escritora que exerceu o trabalho sexual, autora do livro *Playing the Whore*, criou o conceito da "puta imaginada" para se referir a essa imagem estereotipada da prostituta: aquela que é, ao mesmo tempo, a trapaceira, a enganadora, a traficada, a oprimida, a louca, a andarilha, a cortesã e a dominatrix. Nunca uma mulher como as outras. Essa imagem acaba sendo usada para manter as mulheres, as outras mulheres, todas as mulheres, na linha: "não aja como uma puta se não quiser parecer uma puta".

O estigma tem sido uma das estratégias mais eficazes de dominação patriarcal; para que mantenha sua eficácia, é preciso deslegitimar a palavra das putas que não se parecem com a "puta imaginada". Não devemos ser ouvidas porque não seríamos representativas da maioria das prostitutas. Isso acontece comigo, acontece com Amara Moira, com Indianara Siqueira, com Lourdes Barreto, acontecia com Gabriela Leite, acontece com Pye Jakobsson na Suécia, com Magpie Corvid na Inglaterra, com Morgane Merteuil na França, com Georgina Orellano na Argentina...

Mas o que seria representativo da maioria? Quem? Seriam as mulheres que não exercem, nunca exerceram e nunca precisarão exercer a prostituição as únicas vozes que devem ser consideradas como representativas da maioria das mulheres que exercem a prostituição? Se não posso falar por nós, por que elas podem seguir falando por nós? E como segurar essa onda agora, quando tantas prostitutas, mesmo sem ter frequentado universidade ou sequer completado o ensino fundamental, queremos opinar sobre o trabalho que exercemos, usando a força das redes sociais para amplificar nossa voz? Sim, porque, embora ainda soe estranho para muitas pessoas que trabalhadoras sexuais tenham acesso à internet, nós estamos usando esse recurso com maestria.

A questão do uso da internet é reveladora. A ideia, difundida por muitas feministas ditas radicais e outros grupos que se acostumaram a pensar o "mundo da prostituição" como um mundo à parte, de que prostitutas, em especial as que trabalham em nichos mais humildes, não têm acesso à internet é um exemplo de preconceito e arrogância. Vivemos em um mundo em que mensageiros virtuais como o popularíssimo WhatsApp são importantes para boa parte das trabalhadoras e trabalhadores autônomos, inclusive profissionalmente, e isso mesmo para quem exerce atividades tidas como precárias. Uma diarista, um pedreiro, um eletricista, as massagistas, as cabeleireiras e outras profissionais muitas vezes são contatadas por suas clientes por esse meio. Por que nós, que também precisamos nos comunicar – com nossos clientes, com nossos amigos, com nossa família –, não poderíamos fazer uso dessa tecnologia? Pois fazemos.

E ainda que muitas pessoas associem o uso da internet na prostituição ao que chamam de prostituição de luxo e considerem esse fenômeno como algo recente, é preciso lembrar que o primeiro fórum de avaliação de atendimento de clientes de prostitutas já completou 18 anos – e que os sites de anúncios de serviços sexuais já existiam quando ele nasceu. E antes dos sites, já havia os chats.

A presença das trabalhadoras sexuais na internet não é, portanto, fenômeno recente. Usamos sim as redes sociais, e é assim que vamos nos construindo, putas feministas e ativistas, lendo umas às outras, trocando ideias sobre o que é ser puta aqui, o que é ser puta ali, e o que é ser puta do outro lado do mundo.

Eu acredito na importância de debater essas questões e acredito neste livro como um pequeno resumo do que temos pensado e debatido, trabalhadoras sexuais e aliadas, no Brasil e no mundo, sobre (puta)feminismo. Mas, acima de tudo, acredito nele como um apanhado de dúvidas e inquietações sobre as quais precisamos seguir falando. É preciso pensar e repensar os feminismos, aparar essas arestas, buscar os pontos de convergência que nos permitirão avançar no cenário de disputa que se coloca. Eu acredito nos feminismos – em especial no putafeminismo – como movimentos potencialmente revolucionários, que trazem em si a possibilidade (e mesmo a necessidade) de desconstruir e reconstruir permanentemente os conceitos.

Vamos então falar de putafeminismo?

O que é putafeminismo?

O que querem as putafeministas?

Eu entendo que o (que temos chamado de) putafeminismo pode ser descrito, basicamente, como um movimento que nasce a partir da ideia de que nós, mulheres trabalhadoras sexuais, podemos também ser feministas, combatendo o estigma sobre nós e fortalecendo nossa luta por direitos, sem que para isso precisemos abrir mão de nosso trabalho ou nos envergonhar dele. Mas o putafeminismo pode também ser visto como uma possibilidade de repensar toda a estrutura da prostituição, identificando e combatendo as opressões que existem nela.

O prostíbulo – e vamos considerar aqui não o espaço físico em particular, mas o universo da prostituição como um todo, o que nos permitirá também pensar sobre as diferentes faces do trabalho sexual – é uma espécie de última fronteira. Um lugar que ainda é seguro para o machismo, onde a misoginia faz ninho. Essa porta de ferro precisa ser derrubada e uma bárbara insurreição de putafeministas decididas já se faz sentir. Elas impõem seus limites e regras e afirmam: "(sobre) nossos corpos não passarão!". Uma imagem forte que, no fim das contas, não significa mais do que mulheres exigindo respeito. Mas que, na prática, pode desconcertar: afinal, a última coisa que se espera de uma prostituta é que ela possa impor seus limites e assegurar seus direitos.

Isso não deveria incomodar ou assustar ninguém, a não ser os opressores.

Mas as coisas mudam: se feminismo era, até pouco tempo atrás, um termo temido pelas trabalhadoras sexuais, hoje muitas de nós nos identificamos como feministas. Há uns meses, acessando a página da Quatro por Quatro – uma das termas mais tradicionais do Rio de Janeiro, gerenciada hoje por um homem trans, segundo informação de Thaddeus Blanchette, do Observatório da Prostituição da UFRJ –, me surpreendi por encontrar uma publicação com tons feministas: "Não é não" e "Respeitem as mulheres". Isso na semana seguinte ao Dia Internacional da Mulher. Nada de felicitações e rosas. "Minha roupa não é um convite, mesmo aqui no puteiro temos limites." Sim, eu sei que o feminismo está na moda, que o capitalismo se apropria de nossas causas para vender mais, e por aí vai – que o digam as grandes marcas de cosméticos e lingerie. Mas quando a página de divulgação de uma casa que oferece serviços sexuais publica algo nesse tom, não posso negar minha animação. Para quem, como eu, luta por um feminismo que inclua todas as mulheres, isso representa um avanço. O feminismo chegou ao puteiro, sim, e não foi graças às feministas conservadoras.

AS PUTAS SÃO TODAS IGUAIS?

Um fenômeno bastante intrigante que tenho percebido nesse tempo de ativismo é que, se uma puta fala algo, é como se todas nós tivéssemos falado. Então, volta e meia as pessoas me recriminam por dizer coisas como "o único risco que corro no meu trabalho é o de gozar" (uma frase já tradicional de Indianara Siqueira), ou que prostituição é um trabalho empoderador (coisa que eu nunca disse, mas da qual falaremos mais tarde). Tem até quem me confunda com a Joyce, que foi ao Senado junto com o deputado Jean Wyllys para denunciar as violações dos direitos de prostitutas que aconteceram em Niterói (RJ) durante a Copa do Mundo de 2014. Eu e Joyce somos bastante diferentes fisicamente, e ela é muito mais jovem do que eu. Então comecei a perceber que, para algumas pessoas, somos todas a mesma. Todas pensamos e falamos as mesmas coisas. A palavra única da puta.

Mas, bom, não, não é assim que acontece. Temos pensares diversos. Mesmo dentro do movimento nos damos ao direito (é quase um dever!) de divergir, de discordar. Nem toda prostituta é Monique Prada, nem toda prostituta pensa o mesmo que Monique Prada ou tem as mesmas vivências que Monique Prada.

Temos total consciência disso, e ai de mim se não tivesse e tentasse impor meu modo de pensar a alguma colega. Mas é interessante que a frase "nem toda puta é Monique Prada" venha sendo usada tantas vezes – por pessoas que nunca exerceram o trabalho sexual – para tirar a legitimidade do que digo sobre essa profissão. Como se eu não pudesse sequer falar por mim mesma, e como se essas pessoas, e apenas elas, pudessem falar por todas nós.

Nem toda prostituta é Monique Prada, ou Bruna Surfistinha, ou Gabriela Leite; a essa altura do campeonato, aliás, eu diria que nem a Bruna Surfistinha é mais a Bruna Surfistinha, passada mais de uma década da publicação de seu primeiro livro. O universo da prostituição é muito amplo. As trabalhadoras sexuais existem em múltiplas realidades e nem todas temos histórias de vida parecidas. Portanto, tenho consciência de que nem toda puta é como eu, e não disfarço que falo, aqui, a partir da minha vivência pessoal. Mas, por outro lado, também falo como alguém que está atenta às realidades diversas, que tem tido a oportunidade de conhecer muitas dessas realidades bem de perto. E sei que muitas das questões que se colocam são comuns a todas nós, não importando o modo, o local e o tipo de atuação de cada uma, ou mesmo seu papel na tensa cumplicidade das engrenagens da prostituição.

Ainda que, por muito tempo, eu tenha me aproveitado das facilidades que os anúncios de jornal e, depois, a internet me proporcionaram, não há por que negar: a curiosidade sempre me empurrou para outros ambientes. Em alguns atuei como prostituta mesmo; em outros, me conheceram apenas como ativista. Não estou aqui para falar por todas as putas. Minhas colegas são mulheres fortes e de uma sabedoria incrível. Realmente não precisam que eu, e nem ninguém, fale por elas.

O mundo não é sobre mim. Aprender a perceber e respeitar a outra pessoa e suas vivências se mostrou essencial para ampliar meus horizontes sobre a prostituição, sobre os feminismos, sobre o ativismo e sobre a vida em geral.

Falo a partir da minha experiência de mulher, filha, mãe, avó. Já sou considerada velha para os padrões patriarcais de mulheres que podem gostar de sexo (e, alheia a isso, minha sexualidade segue cada vez mais pulsante e exigente). Branca de ascendência, e com traços quase indígenas ("bugra", se dizia de minha avó materna, que pariu minha mãe aos 14 anos), filha de pai bancário e mãe dona de casa, não fui exatamente, na maior parte da vida, uma mulher de classe média. Experimentei não só a prostituição, mas também a pobreza. De certa forma, por escolha própria: saí da casa de meus pais para o mundo ainda bem jovem, arcando com todas as consequências de ser alguém que, sem formação, estrutura e apoio adequados, se joga na vida levando uma criança pequena pela mão.

É a partir desse lugar que eu falo.

Falo também como mulher que, mesmo depois de ter entrado na indústria do sexo, não exerceu a prostituição o tempo todo durante esses anos.

Falo como uma mulher que também provou a aspereza do matrimônio na sociedade patriarcal – que, paradoxalmente, louva o amor romântico, a devoção e a fidelidade femininas, e a infidelidade e o aparente pragmatismo masculinos. Pragmatismo que, em geral, se esvai ao primeiro par de chifres recebido – ou descoberto.

Falo também, e talvez principalmente em muitos momentos, a partir do lugar de mãe. Uma mãe que lutou para livrar suas crias da mochila pesada do estigma, não apenas de serem filhos de uma prostituta, mas também de ter uma mãe solo, separada, "mãe solteira", "mãe de filhos de pais diferentes". Estigmas que nos atingiam exatamente do mesmo modo violento que o de puta, como pude experimentar nos momentos em que exerci a prostituição.

Falo como alguém que segue lutando para criar mundos melhores para receber as crias que o futuro nos trará.

Se hoje a noite se mostra incerta e assustadora, sigamos acalentando mansamente a utopia de um amanhecer sereno. E feminista.

VOCAÇÃO PARA PUTA

Não comecei na prostituição por vocação e, por minha vivência, não acredito que exista, na sociedade em que vivemos, algo que se possa chamar de vocação para a prostituição. Em um mundo menos preconceituoso e mais igualitário, em que o (livre) exercício da sexualidade possa ocupar um lugar menos marginal e clandestino, talvez ela pudesse ser uma habilidade a ser treinada, um talento a ser direcionado por pessoas de ambos os sexos, independentemente de orientação sexual (o que também dispensa vocação). Mas, numa sociedade como a nossa, vira puta quem precisa. Digo puta profissional, prostituta, com horário e metas a cumprir. E dessas, algumas gostam de sexo, algumas têm lá seus talentos, e outras, não.

Em 2012, um colunista do jornal *Folha de S.Paulo*, o professor de filosofia Luiz Felipe Pondé, causou imensa polêmica ao escrever que a primeira e mais sublime vocação da mulher é ser prostituta. Pondé apenas repetia Nelson Rodrigues que, ao descrever os bastidores e ensaios da sua peça *Vestido de Noiva*, falou da disputa das atrizes pelo papel de puta e da naturalidade com que todas elas interpretavam o papel, como se fosse essa a sua verdadeira vocação. Na época, Gabriela Leite saiu em defesa do tal colunista e dessa besteira que Nelson falou, certamente no intuito de gerar polêmica. Com todo o respeito à Gabriela, esse papo de talento para a prostituição, francamente, me soa como uma imensa tolice. As mulheres são como são, cada uma a seu modo. Nenhuma mulher nasce, de fato, com esse talento ou vocação. Algumas passarão a vida toda sem sentir grande afinidade com o sexo, e não há problema algum nisso. Vivemos numa sociedade em que sexo, sedução e sensualidade são supervalorizados, embora talvez o prazer não goze do mesmo *status* – em especial o prazer feminino. Afirmar que todas as mulheres nascem com vocação para ser prostitutas é negar a existência de pessoas assexuais. Além disso, nos faz esquecer que a prostituição segue sendo um trabalho precário. E há o machismo implícito: teriam todas as mulheres, então, o dom de agradar aos homens? Sim, porque, embora não se resuma a isso, a prostituição passa por isso. E o nosso prazer? Quando estaremos de fato livres para buscá-lo, e não vê-lo como algo que necessariamente gira em torno de agradar aos homens?

Nesses anos todos, não conheci nenhuma prostituta que exercesse o trabalho sexual por algum tipo de vocação. Os motivos geralmente são necessidade financeira, aliada com frequência à curiosidade e à praticidade de um trabalho que não exige formação e remunera relativamente bem. É bem verdade que algumas têm o dom da comunicação e da venda, e sempre as considerei especialmente admiráveis por isso. Mas não posso deixar de perceber que poderiam ter direcionado esse dom para qualquer outra atividade. E muitas direcionaram mesmo. Encontrei algumas, anos mais tarde, atuando como ótimas advogadas. Outras cumpriam metas consideradas difíceis e ambiciosas em concessionárias de veículos ou no ramo imobiliário. Outras, ainda, tentaram a sorte no que convencionamos chamar de bons casamentos, e tiveram habilidade para construir relações sólidas e belas famílias. Vocês se lembram de quando, umas páginas atrás, falei sobre o trabalho sexual como um atalho para atividades menos precárias? Pois é. Vejam: nenhuma vocação específica para a prostituição.

Para falar em vocação, precisamos pensar sobre o que seria essa tal vocação para prostituta afinal. Onde ela se revelaria? Não seria no gosto por sexo, já que poderíamos fazer sexo sem cobrar nada, e a prostituição é um trabalho remunerado. Vejam quanto machismo há nessa afirmação de que mulheres que gostam muito de sexo têm talento inato para a prostituição! Um homem pode gostar muito de sexo sem ter vocação alguma para exercer a prostituição; mas à mulher que gosta muito de sexo, o único lugar que cabe é servir, estar disponível para satisfazer os desejos alheios apenas. Essa mulher não poderia ser, simplesmente... uma mulher que gosta muito de sexo?

Há uma confusão bastante comum entre a mulher que gosta de sexo e a mulher que exerce o trabalho sexual remunerado. Você pode gostar de foder e não exercer a atividade, ou porque não precisa ou porque não quer. E você pode exercer a atividade porque precisa ou quer, e não gostar de sexo tanto assim. Essa confusão toda, e ainda a ideia de que prostitutas são sempre pessoas infelizes com seus trabalhos, usando essa obrigatoriedade da felicidade no trabalho para negar direitos trabalhistas (que é algo lembrado apenas quando se fala em trabalho sexual remunerado, vejam bem, ninguém se oporia à PEC das Domésticas usando para isso o fato de que é um trabalho precário e que a maioria das trabalhadoras, se pudesse, o trocaria por outro), podem acabar sendo entraves sérios para as nossas lutas. Tenho pensado muito nisso.

Definitivamente, não acredito na existência de um talento específico para a prostituição. Eu realmente gosto muito, muito, de sexo; mas, se não fosse por necessidade financeira, talvez jamais tivesse cobrado por sexo, e de modo regular, com horário, rotina, metas. Se a minha condição financeira fosse outra, nunca teria me dedicado a viver dele nesta sociedade tão putafóbica. E o mesmo se dá com a maioria das mulheres que conheço.

O PROSTÍBULO, UMA INSTITUIÇÃO RESPEITÁVEL

Silvia Federici[2] diz que, das mulheres, são três os trabalhos tomados sem que nada recebam em troca na sociedade patriarcal capitalista: o trabalho doméstico, o trabalho sexual e o trabalho reprodutivo. Em certo sentido, as prostitutas rompem com essa lógica patriarcal ao pôr preço no trabalho sexual e, ainda, diferentemente das trabalhadoras domésticas, ao exercê-lo fora do domínio do lar.

Agora, se levarmos em conta que o trabalho sexual remunerado é exercido fora do âmbito doméstico, precisamos também reconhecer que ele é normalmente exercido ainda num ambiente de relativa domesticidade: o prostíbulo. Apesar de ser ocasionalmente confundido com um espaço de liberdade, o prostíbulo é cheio de regras, frequentado majoritariamente por pais de família, o que reforça seu vínculo como o ambiente doméstico. O trabalho sexual, ainda que exercido à margem, existe não exatamente às escondidas.

A prostituição, junto com o matrimônio, é uma das instituições mais sólidas da sociedade patriarcal. É no prostíbulo que acontecem reuniões ao final dos dias mais duros de trabalho, negociações e negociatas, a comemoração do sucesso dessas negociações e negociatas, a iniciação sexual dos garotos e as divertidas despedidas de solteiro masculinas, assim como o sexo extraconjugal "sem riscos". As visitas ao prostíbulo são aquilo que os homens dizem às esposas que "não significa nada", mas que estão e estarão para sempre presentes na vida de grande parte dos homens adultos. Eu diria que, mais do que tolerada, essa intimidade dos homens com o prostíbulo é bastante incentivada. O fato de os homens pagarem por sexo fora do lar é visto com naturalidade; nenhum homem é seriamente repreendido por isso. Mesmo nos países onde pagar por sexo é

2　Silvia Federici (1942) é professora da Universidade Hofstra, em Nova York. Intelectual militante do feminismo de tradição marxista autonomista, é autora, entre outros de *Calibã e a bruxa* (Elefante, 2017). Em sua produção, costuma defender o reconhecimento e a legitimação dos trabalhos doméstico e sexual.

proibido por lei, a prostituição segue existindo; as trabalhadoras sexuais acabam sendo as únicas pessoas atingidas de fato pelas leis que a reprimem. Talvez esse existir à sombra da lei seja mesmo essencial para a sobrevivência da prostituição nesta sociedade. É na sombra que a vida que não pode ser vista ou falada acontece.

Mas se o prostíbulo goza de todo esse *status*, o mesmo não se pode dizer da prostituta. A prostituta está além da fronteira, lá onde as mulheres ditas decentes não podem estar. E é ela, somente ela, que a sociedade escolhe condenar e apedrejar. E eu escolhi ser, ou fui escolhida para ser, essa mulher a quem se apedreja. Hoje, estou jogando essas pedras de volta para vocês. Recebam-nas com carinho.

TRABALHO SEXUAL OU PROSTITUIÇÃO: DO QUE ESTAMOS FALANDO AFINAL?

Alguns feminismos, e também a maioria dos setores da sociedade, especialmente os mais conservadores, consideram que a prostituição é o ato indigno de vender o corpo. Nós, trabalhadoras e trabalhadores sexuais, a consideramos uma prestação de serviços. No começo de 2016, tive um debate com uma famosa feminista defensora da abolição da prostituição – que, para defender esse posicionamento, chegou a comparar o exercício do trabalho sexual à venda de rins (suponho que falou de rins porque a maioria de nós tem dois, o que tornaria possível vender um e seguir vivendo). Não concordo e nem tenho como concordar com essa definição: até a última vez que olhei, minha buceta estava aqui, e era eu quem mandava nela. Durante o debate, olhei novamente: puxei minha calcinha para o lado para que todas as pessoas presentes pudessem conferir: estava ali, comigo, a minha buceta. Eu vou para os encontros levando comigo todos os meus órgãos, e volto dos encontros trazendo todos de volta comigo, de modo que essa comparação me soa no mínimo bastante desonesta. Eu gostaria que pudéssemos parar por um momento e pensar sobre o que vender ou dar significam quando falamos de mulheres que (ou quando) fazem sexo.

Quando você diz que uma mulher vende o corpo, isso é profundamente ofensivo para as trabalhadoras sexuais; mas é também, no fim das contas, uma ofensa que se estende a todas as mulheres. Quando uma mulher não cobra por sexo, dela se diz que dá. Na origem dessa expressão está a ideia machista, e profundamente patriarcal, de que nenhuma mulher permanece inteira após o sexo: algo ali não é mais dela, pois ela deu ou vendeu algo de si. O corpo ou parte dele. Independentemente da natureza da relação, é como se algo se perdesse. São expressões que naturalizamos, nas quais não temos quase que pensar. Mas elas estão aí: a posse e o poder sobre nossos corpos em jogo o tempo todo.

Mas Andrea Dworkin (1946-2005)[3], uma das grandes vozes do feminismo *antiporn* norte-americano dos anos 1980 e guru de muitas das jovens feministas brasileiras, também diz que, na prostituição, nenhuma mulher permanece inteira: "É impossível usar um corpo humano do modo que os corpos das mulheres são usados na prostituição e ter um ser humano inteiro no fim dela, ou no meio dela, ou perto do começo dela. É impossível. E nenhuma mulher fica inteira de novo mais tarde, depois".

Sinto um arrepio de desconforto quando começo a ler esse discurso, que ela proferiu no simpósio *Prostituição: da academia ao ativismo*, na Universidade de Michigan em 1992. Quando ela fala da dificuldade de estar ali, ("uma quantidade terrível de conflito sobre estar aqui"), mas também sobre estar ali com suas amigas e iguais, suas irmãs, o contraste é evidente: ela era a única prostituta no evento.

Há tantos anos encarando o ativismo como necessidade e tendo-o presente em minha rotina, sei que muitas vezes, talvez na maioria delas, nós, putas, não estamos falando entre iguais

---

3 Andrea Dworkin (1946-2005) foi uma das principais vozes do que se convencionou chamar "feminismo radical". É autora, entre outros, de *Woman Hating* (Penguin, 1974), *Pornography, men possessing women* (Women's Press, 1981), *Right-wing women: the politics of domesticated females* (Women's Press, 1983) e *Intercourse* (Free Press, 1987).

nos encontros feministas. São espaços desconfortáveis, não raro repletos de mulheres que acreditam saber mais do que eu sobre o que faço e falo, e que muitas vezes só se dispõem a me ouvir por algum tipo de condescendência ou fetiche. Mulheres que desejam me ouvir falar dos sofrimentos que supostamente passo nas mãos dos homens com quem elas dormem todos os dias – sim, pois o cliente das putas geralmente é um homem casado e tão respeitável nessa sociedade quanto as mulheres casadas que estão ali me condenando e exigindo um discurso de vitimização. Quando se fala do cliente da prostituição, é como se ninguém soubesse quem ele é. Acontece um esquecimento bem conveniente. O cliente surge como se tivesse descido à Terra ou subido das profundezas do inferno apenas para contratar uma sessão bizarra de sexo pago. Mas não é assim. Ele está na mesa de todas as casas nos almoços de domingo. Se alguém tem razão de se preocupar conosco, prostitutas, que saímos com esses homens tão cruéis, suas esposas, presas a eles, têm ainda mais razão para se preocuparem. Nosso período é medido no relógio; o delas, não.

O que quero dizer, portanto, é que Dworkin não estava exatamente entre iguais, assim como eu, hoje sei, ainda não estou entre iguais na maioria dos debates feministas, com público ainda majoritariamente composto por mulheres de classe média que muitas vezes não exerceram nenhum tipo de trabalho precário na vida. São grupos não necessariamente hostis, muitas vezes até acolhedores, mas ainda assim intimidantes, e eu imagino que, em 1992, isso fosse ainda mais evidente. Sinto nessa fala de Andrea certo constrangimento, como se ela se pusesse a falar, de modo quase pornográfico, o que o público quer ouvir, para poder, assim, ocupar (ou seguir ocupando) um espaço entre não iguais. As palavras pesadas que usa reforçam em mim essa percepção.

E, ao longo desses anos todos, o modo como esse discurso vem sendo usado contra nós, trabalhadoras sexuais organizadas, por feministas que querem abolir a prostituição, não contribui para dissipar essa minha impressão.

Enquanto feminista, não acredito em dogmas. Respeito teorias, respeito vivências, mas não me prendo a dogmas. Então, se

Andrea Dworkin me diz que nenhuma mulher pode continuar a ser uma mulher inteira após ter vivido a prostituição, estou aqui para dizer que podemos, sim, prostitutas, continuar inteiras enquanto exercemos a prostituição, e depois, e sempre. Estou inteira e senhora de minhas faculdades mentais, de meu corpo, de minha vida, e parece que posso falar sobre isso. Nós, trabalhadoras sexuais, temos permanecido inteiras e falado sobre isso.

Ainda que eu possa compreender que cada mulher é singular, e que consiga entender o ponto de Dworkin – que, segundo consta, exerceu por um período o chamado *survival sex* (a troca direta de sexo por pouso e comida), após um casamento frustrado e violento, e ainda assim voltou a casar-se no final da vida (o que de algum modo significa que a única instituição patriarcal que queria derrubar de fato era a prostituição) –, não posso ignorar o ponto violento e absolutamente machista da ideia de que praticar sexo torne as mulheres de algum modo incompletas.

Dworkin e muitas outras teóricas feministas (estamos falando aqui de parte do feminismo norte-americano dos anos 1970-90, mas não apenas) colocam a prostituição em si como uma violência exercida contra a mulher. A principal questão disso é que tomar o trabalho sexual como algo abusivo em si mesmo é um modo potencialmente perigoso de pensar as coisas. Porque essa será, exatamente, a ideia que nos impedirá, ali adiante, de denunciar violências contra nós. Onde tudo é violência, então nada é violento, eis a questão sobre o mito de que o trabalho sexual seria um "estupro pago". Chamamos de estupro as relações sexuais não consentidas, com ou sem violência. Qualquer sexo pago pressupõe algum consentimento – o que, basicamente, diferencia o sexo pago consentido do estupro. Quando se aceita a ideia de que trabalho sexual consentido equivale a estupro, as mulheres que exercem a atividade ficam expostas a todo tipo de violência e sem poder de denunciar. Afinal de contas, como uma prostituta poderia ser estuprada e reclamar se, de acordo com esse conceito, ela estaria naquela situação justamente para isso? É com esse tipo de questão que acabamos tendo de lidar a todo momento: pessoas que, sabemos, têm a intenção de nos proteger, mas que acabam nos colocando em uma situação de vulnerabilidade ainda maior, a partir de teorias que não contaram com nossa colaboração direta em sua formulação.

A possibilidade de estupro de trabalhadoras sexuais é tema, inclusive, de piadas. Há uma, bastante antiga, em que o delegado pergunta à vítima quando ela soube que estava sendo estuprada, e ela responde: "quando o cheque voltou". Sabendo disso, afirmar que o trabalho sexual, no qual todas as práticas são negociadas antes da consumação do atendimento, é estupro em si, significa deixar uma categoria inteira de mulheres impossibilitada de se defender da violência real. Além de um tremendo desrespeito com aquelas de nós que já sofreram abusos sexuais e estupros reais.

Os chamados estupros "corretivos" teriam, em tese, a "finalidade" de ensinar às mulheres como se portar. Mulheres lésbicas são vítimas frequentes desse tipo de violência, mas ela é também prática comum contra mulheres que são ou parecem ser prostitutas. "Se não quer ser estuprada, não se vista como uma puta." Foi de uma insinuação desse tipo, feita por um policial, que surgiu, aliás, a SlutWalk, aqui no Brasil chamada de Marcha das Vadias – um protesto no qual costumamos dizer que podemos nos vestir como quisermos, e que isso não é convite ou justificativa para sermos estupradas. É muito provável que as prostitutas tenham ensinado isso às outras mulheres: você pode se vestir como quiser sem que isso sirva para justificar agressões. Paradoxalmente, mulheres que hoje se sentem à vontade para se vestir como quiserem esquecem disso com muita frequência. Uma das faixas da primeira Marcha das Vadias de São Paulo dizia: "Somos vadias, não prostitutas". Como podemos ver, mesmo entre mulheres que lutam pelo direito de parecer putas há uma necessidade de colocar a prostituição como lugar de inferioridade, onde nenhuma mulher pode pisar.

PENSANDO UM MARCO CONCEITUAL: TRABALHO SEXUAL É TRABALHO

De modo reto e descomplicado, podemos dizer que prostituição consiste no ato, por pessoas adultas e em condições de consentir, de trocar sexo por dinheiro ou outros bens, de modo regular ou ocasional. É basicamente uma prestação de serviço.

As pessoas – homens ou mulheres, cisgêneras ou transgêneras – podem se envolver em trabalho sexual por diversos motivos. Seja por necessidade financeira, pela curiosidade, pela liberdade de horário que esse tipo de trabalho proporciona, ou pela remuneração que oferece, maior que a de outras atividades que elas poderiam exercer. É um trabalho relativamente fácil de começar a exercer: hoje em dia, basta ter acesso à internet ou coragem para entrar em um dos muitos locais destinados ao exercício da atividade. A seleção não é exatamente rigorosa, e o meio aceita bem a diversidade de corpos, ainda que num contexto fetichista.

Quase sempre o que se fala sobre esse trabalho e as pessoas que o exercem é permeado por algum tipo de moralismo. É interessante perceber que mesmo Virginie Despentes[4], em seu *Teoria King Kong*, verá uma questão no trabalho sexual: segundo ela, o problema da prostituição é como o problema das drogas. Uma vez tendo exercido a atividade, você não consegue abandoná-la, pois se acostuma a ganhar dinheiro de modo rápido e relativamente fácil. O trabalho se torna um tipo de vício. Eu acredito que nosso "vício" mesmo, nós que exercemos esse trabalho de modo rotineiro, é em pagar nossas contas e sustentar nossas famílias, de preferência com algum conforto. Amaldiçoar esse dinheiro é uma atitude bastante moralista. Ninguém diz que publicitários, médicos e secretárias trabalham porque são viciados em seu salário, e tampouco alguém ousaria condenar qualquer um que troque seu trabalho

---

4   Virginie Despentes (1969) é uma escritora e cineasta francesa. *Teoria King Kong* (n - l edições, 2016), seu trabalho mais famoso, é uma obra autobiográfica em que ela fala sobre sua experiência como prostituta e analisa o feminismo contemporâneo.

por outro em que receba pagamento melhor – a não ser que esse outro trabalho seja trabalho sexual.

Virginie também coloca como problema a vida dupla. A necessidade de mentir para namorados ou família. É um problema real. Muitas mulheres mentem sobre sua atividade por anos. Mas esse problema não tem a ver diretamente com o trabalho sexual, e sim com o estigma sobre ele.

Virginie exerceu o trabalho sexual por cerca de um ano, na França. E ela é uma boa prova de que não basta ser prostituta para estar livre desse tipo de pensamento. Muitas de nós consideramos nosso dinheiro maldito, porque ele parece voar de nossas mãos: gastamos boa parte em roupas, lingerie, maquiagem, tratamentos estéticos e perfumes, essenciais ao exercício dessa atividade afinal. E muitas vezes nos culpamos por isso, como se estivéssemos jogando dinheiro fora. É possível que a condição de informalidade, aliada à ideia de que trabalho sexual não é um trabalho verdadeiro, nos impeça de perceber que esses custos são um investimento necessário para que nossa "firma" siga funcionando e dando um bom lucro, apenas isso. Um tipo de investimento, e não um modo de desperdiçar o que se ganha.

2.

UMA ROSA É UMA ROSA, NÃO IMPORTA COMO VOCÊ A CHAME

A quantidade, variedade e origem dos termos usados para designar as pessoas que exercem o trabalho sexual é impressionante. Em alguns cantos do Paraná, por exemplo, ainda se usa a palavra "polaca", em referência às prostitutas europeias que vieram para o Brasil no começo do século XX, muitas delas polonesas de origem (o que, como acontece hoje com as brasileiras em Portugal, acabou por estigmatizar as polonesas no Paraná). Das histórias dessas mulheres, um amigo de ascendência polonesa me conta que era comum que as meninas que perdiam a virgindade antes do casamento fossem expulsas de casa, para não envergonhar suas famílias, e enviadas a prostíbulos argentinos ou brasileiros. As mães lhes cortavam os longos cabelos, presos em uma trança, e a trança era colocada atrás da porta da cozinha, única lembrança da menina que ficava para a família, que nunca mais a veria. As "polacas" também podiam ser mulheres que já exerciam a atividade em suas cidades de origem e que vinham para cá para fugir da guerra e fazer fortuna.

Gosto muito do som da palavra "meretriz". Sempre me pareceu uma palavra alegre, dançante. Talvez seja a minha preferida. Ainda assim, no começo de minha militância, gostava de me declarar prostituta. Percebia que o termo gerava reações fortes e me divertia com isso. Muitas amigas e amigos pediam que eu não o usasse, pois não era "assim" que me viam. Preferiam que eu usasse "acompanhante", como os sites. Mas não me viam assim como? Como prostituta. Consideravam o termo agressivo. Então, na maioria das vezes, eu acabava cedendo e usando "acompanhante" mesmo, embora evitasse sempre que possível o "de luxo", que nunca me agradou. Também fugia de ser chamada de garota de programa, e mais ainda por sua sigla, GP. Eu já não era mais garota; aliás, nunca me considerei "garota", nem quando era muito jovem. Essa expressão traz um tom de infantilização bem desagradável para alguém que fala forte como eu.

Essa diversidade semântica mostra que a cultura da prostituição é bastante rica, mas ao mesmo tempo parece não ter contribuído muito para conseguirmos nos ver como uma categoria laboral única. Boa parte das mulheres que atua pelos sites não se vê como prostituta comum – que seria aquela que exerce seu trabalho nas ruas ou em lugares mais "baratos". Do mesmo modo, a prostituta que atua nas ruas procura manter certa distância das mulheres que anunciam em sites por não vê-las como "prostitutas de verdade". Só a partir do ativismo passei a ter contato com essa dificuldade: muitas das prostitutas mais antigas não me consideravam tão puta quanto elas. Dentro do movimento de prostitutas, a maior ofensa é alguém dizer que você não é puta. Eu ficava muito puta com isso, e seguia agitando e tentando participar.

Se internacionalmente se adota hoje a terminologia *sex worker* (trabalhadora sexual) e a expressão prostituta, rejeitada por sua conotação pejorativa, cai em desuso, aqui no Brasil o termo ainda está em disputa. Como espaços políticos organizados na luta por direitos, temos a Rede Brasileira de Prostitutas e a CUTS (Central Única de Trabalhadoras e Trabalhadores Sexuais), mais recente. Nenhuma das duas tem uma definição consensual sobre qual termo seria o mais correto. Temos ainda a Articulação Nacional de Profissionais do Sexo, que traz o termo usado hoje pela Classificação Brasileira de Ocupações para descrever a atividade – ainda que o texto cite uma série de outras expressões.

Eu, embora não tenha nenhum problema moral em me identificar como prostituta – e, assim como Gabriela Leite, goste muito da palavra puta –, prefiro hoje usar a expressão trabalhadora sexual para definir a atividade que exercemos. Considero seu uso importante politicamente, para deixar bem marcada a afirmação de que trabalho sexual é trabalho. Também levo em conta o fato de essa definição poder englobar uma gama enorme de atividades: a prostituta, a stripper, a *cam girl*, a dominadora profissional, a atriz pornô, a assistente sexual. Neste livro, falamos principalmente de prostituição, atividade que ainda exerço, mas sem esquecer que esta é apenas uma das atividades englobadas pela denominação trabalho sexual, mais ampla.

Muitas de nós exercemos várias dessas atividades simultaneamente. Em muitos países, algumas são legais; outras, não. Na maioria dos países, a prostituição é ilegal; ser dançarina, *cam girl* ou atriz pornô é legal. Isso estigmatiza principalmente as mulheres mais pobres, que em geral estão envolvidas exclusivamente na prostituição. A repressão estatal recai mais fortemente sobre as mulheres que captam os seus clientes nas ruas. Além do moralismo, questões como especulação imobiliária e gentrificação fazem o poder local empurrar essas trabalhadoras para locais cada vez mais afastados.

No Brasil, a atividade foi incluída na CBO (Classificação Brasileira de Ocupações) no começo do século XXI, sob o número 5198-05. Foi a maior conquista do movimento organizado de prostitutas até aqui. É importante notar que, embora o número de pessoas que se registram como profissionais do sexo e contribuem com a Previdência nunca tenha sido grande – justamente por conta do estigma social que cerca a atividade –, a inclusão da atividade na CBO contribuiu diretamente para a redução de casos de violência institucional e de encarceramento de prostitutas pela polícia. As prisões se baseavam na extinta Lei da Vadiagem para deter mulheres que tinham nas ruas seu principal local de trabalho e captação de clientes. Hoje essas trabalhadoras se valem do fato de a atividade constar da CBO para garantir seu direito de ocupar as ruas sem risco de detenção e violência policial.

Em julho de 2016, o deputado Flavinho, do PSB de São Paulo, apresentou a indicação 2371-16, que sugere e demanda a retirada da ocupação de profissional do sexo da CBO. A proposta e o PL 377/11, de autoria do deputado João Campos, são hoje as duas maiores ameaças aos direitos da categoria que tramitam no Congresso Nacional. Ambas têm chances consideráveis de aprovação.

Embora a prostituição seja – e sempre tenha sido – legal no Brasil, todas as atividades que a cercam são ainda tipificadas como crime. Quando começo a conhecer e a pensar sobre as leis vigentes que tratam de prostituição, logo percebo nelas uma função bastante óbvia: isolar socialmente a mulher que exerce ou é suspeita de exercer o trabalho sexual. Essas leis não protegem essa mulher. Pelo contrário, é muito fácil usá-las contra as prostitutas, e mesmo contra mulheres que não exerçam a atividade. Isso pode ser percebido mais claramente em países onde a prostituição é crime: em quase todos, portar preservativos pode ser considerado evidência de prostituição. E para que uma mulher seja suspeita de prostituição basta que se vista de determinado modo (qual?), caminhe por certas ruas, more em determinados bairros.

Simplesmente reprimir ou proibir a prostituição não seria eficaz para acabar com o estigma sobre ela. Mas as leis fazem o contrário: trabalham no sentido de reforçar o estigma. E qualquer uma de nós – em especial se estiver em determinados lugares ou perto deles, se tiver determinado tipo físico, modo de vestir ou qualquer comportamento que fuja da regra – pode ser tomada por prostituta. Uma pesquisa rápida no Google por "confundida com prostituta" nos dará a dimensão do estigma de puta e da forma como ele prejudica todas as mulheres todos os dias: você encontrará vários casos de mulheres presas por terem sido confundidas com prostitutas em lugares onde a prostituição é crime. É bem frequente também mulheres terem problemas na alfândega de determinados países por essa mesma confusão. O estigma de puta não atinge somente a nós: atinge a todas.

De qualquer forma, seja qual for sua opinião sobre prostitui ção, é impossível negar que a atividade é exercida hoje por um número considerável de homens e mulheres ao redor do mundo. Em seu relatório de 2012, a Fundação Scelles, entidade francesa que combate a exploração sexual, calculava que entre 40 e 42 milhões de pessoas exercem essa atividade no mundo. Não me parece um dado totalmente confiável para falar de prostituição, já que a pesquisa não diferencia trabalho sexual, exploração sexual de crianças e adolescentes e tráfico de pessoas. Isso nos impede de saber com exatidão quantas dessas pessoas realmente exercem o trabalho sexual voluntariamente e quantas estão vivendo situações de exploração sexual. Mas é o dado que temos, e precisamos trabalhar com ele: aproximadamente 42 milhões de pessoas exercem a atividade ou são vítimas de exploração sexual no mundo. Calcula-se que cerca de um milhão e meio dessas pessoas esteja envolvida na atividade no Brasil.

A lei brasileira estabelece que o trabalho sexual não pode ser exercido por menores de 18 anos ou por maiores de idade que estejam sob coação ou ameaça. A expressão "prostituição infantil", portanto, não se aplica aqui, mas a exploração sexual de crianças e adolescentes, sim. O que para alguns pode parecer apenas um capricho semântico, para nós tem importância crucial: estabelecer essa diferença reforça o fato de que nosso trabalho é um trabalho, exercido de modo consciente e consensual, e não um crime cometido contra nós por terceiros.

Também repudiamos a confusão costumeira entre trabalho sexual e tráfico de pessoas, assim como a ideia de que nossa atividade, em si, configura violência – uma violência que só poderia ser combatida com o fim da prostituição. É uma argumentação falsa: trabalho sexual é trabalho. Exploração sexual, estupro e tráfico de pessoas são crimes – e não trabalho. À exceção da exploração sexual de crianças e adolescentes – que é crime previsto em lei no artigo 244-A do Estatuto da Criança e do Adolescente (ECA) e uma das piores formas de trabalho infantil, segundo a Organização Internacional do Trabalho (OIT) –, as leis não deixam claro o que configura exploração sexual. Já as leis sobre tráfico de pessoas são problemáticas para as trabalhadoras sexuais migrantes e, no fim das contas, para todas as mulheres, considerando que qualquer uma de nós pode ser suspeita de prostituição e acabar detida na imigração ao viajar para outros países. Ou seja: ainda precisamos estabelecer a distinção entre o que é trabalho, o que é crime e o que é exploração – e, em boa medida, entre o que é exploração sexual e o que é exploração laboral, considerando que, no sistema capitalista, a segunda está presente, em maior ou menor grau, em todas as relações de trabalho.

Algumas falas dentro do movimento feminista cobram fortemente que o trabalho sexual seja, de algum modo, empoderador; até mesmo algumas trabalhadoras sexuais e ativistas adotam esse discurso. Não é uma linha que me represente, já que considero que nenhum trabalho exercido em nossa sociedade, e em especial nenhum trabalho precário exercido por mulheres de baixa escolaridade e classe social, possa realmente ser considerado empoderador ou emancipatório. Não há nenhum questionamento sobre o empoderamento alcançado por mulheres que exercem outros trabalhos precários: ninguém se importa se uma mulher precisa limpar privadas, ocupar seus dias embalando compras ou costurar até a exaustão, mas basta que ela use o sexo para garantir seu sustento que passamos a nos preocupar com sua condição.

Não faço aqui uma defesa cega, festiva e alegórica da prostituição, mesmo porque uma atividade que existe e resiste há milênios, apesar de todo o estigma, da repressão e das violências sofridas pelas pessoas que a exercem (em especial as mulheres), parece não precisar de defesa alguma para seguir existindo. Ainda que precise se reinventar constantemente para não desaparecer de vez. A prostituição, se não pode ser considerada um trabalho como outro qualquer – definição que apagaria suas especificidades e questões, não apenas laborais, mas também uma série de tabus, estigmas e opressões ligados à sexualidade humana, em especial feminina –, tem sido um trabalho possível para um número imenso de pessoas no lugar de onde venho e em muitos por onde passei. A maioria são mulheres (cisgêneras, transgêneras, travestis) pobres que buscam alternativas para sobreviver, sustentar sua família, ter vidas um pouco menos precárias e alcançar alguma mobilidade social. Seja acumulando algum capital e se arriscando em um pequeno negócio, seja pelo estudo e formação que não conseguiriam conquistar exercendo outra atividade, seja pelo casamento com alguém de melhor condição financeira – não dá para negar que muitas mulheres abandonam a atividade a partir do matrimônio, e que a narrativa da puta resgatada pelo casamento com um homem de bem ainda seduz a sociedade.

Da Antiguidade aos dias de hoje, a puta ora é vista como sacerdotisa, detentora de saberes divinos, ora como mulher perdida, desprezível, desqualificada. Dos bordéis estatais de Sólon, na misógina Grécia Antiga, à prostituição massiva como única alternativa para a subsistência das mulheres em períodos de escassez; da prostituição de luxo em bordéis ditos secretos à sedução e os perigos das esquinas; dos anúncios de jornal e adesivos em telefones públicos à internet e à prostituição exclusivamente virtual dos portais onde homens, mulheres e casais se exibem em webcams, as transformações são facilmente perceptíveis. E isso não impede que modos mais tradicionais e "respeitáveis" de prostituição, como o casamento por conveniência financeira e os *sugar daddies* com suas discretas *babies* (que podemos descrever como uma versão moderna do "tio que ajuda a pagar os estudos"), ainda sejam bastante presentes.

Numa sociedade em que uma mulher branca recebe cerca de 30% menos que um homem branco pelo mesmo trabalho – a disparidade entre os salários de um homem branco e de uma mulher negra para a mesma atividade é ainda maior –, sem esquecer da dificuldade de inserção e de ascensão das mulheres no mercado de trabalho formal, o trabalho sexual costuma ser, entre os trabalhos informais, aquele que melhor remunera as mulheres, mesmo as que têm pouco estudo ou qualificação. Esse é um dos motivos pelos quais muitas de nós ainda o exercemos, apesar dos riscos e preconceitos. Muitas de nós, mulheres cisgêneras, acabamos por ter no trabalho sexual a única (ou última) alternativa para fugir da fome e da miséria. É por isso que banir o trabalho sexual da face da Terra é uma péssima ideia: seguiríamos expostas às mesmas necessidades e nossa única ou melhor alternativa laboral estaria extinta. Nossa luta, neste sentido, deve continuar sendo para acabar com a pobreza no mundo. A pobreza é degradante, violenta, humilhante e empurra as mulheres para os trabalhos precários, dos quais o trabalho sexual é apenas um. No entanto, num mundo que não tem tido sucesso em acabar com a pobreza, não é sensato condenar à clandestinidade as mulheres que precisam recorrer ao trabalho sexual para sobreviver. É imprescindível defender que possamos exercer a atividade que dá sustento a nós e a nossas famílias de forma menos precária e, ao mesmo tempo, lutar contra a miséria e por políticas públicas que garantam opções melhores para todas as mulheres.

A situação é outra quando falamos de mulheres trans e travestis. A maioria delas são expulsas de casa pelas famílias bem cedo e rejeitadas pelo mercado de trabalho formal. Assim, entre elas, a prostituição é quase sempre compulsória, ainda que também seja reconhecida por algumas travestis como seu espaço primeiro de construção de afetos e de reconhecimento de identidade. Um espaço no qual, segundo Amara Moira, "seus corpos são aceitos e não é necessário existir legislação específica para que tenham seu nome social e gênero respeitados". Uma pesquisa da organização não governamental internacional Transgender Europe, que aponta o Brasil como campeão mundial de assassinatos de travestis e transexuais, revela outro dado assustador: mais da metade das mulheres trans assassinadas entre 2008 e 2016 no Brasil exercia a prostituição. Segundo dados da Associação Nacional de

Travestis e Transexuais (Antra), 90% das mulheres trans e travestis exercem a prostituição.

Enquanto as mulheres cisgêneras podem exercer o trabalho sexual em casas e boates, o espaço reservado às travestis é quase sempre o da prostituição precária nas ruas, o que possivelmente contribui para aumentar o risco de agressões e a insegurança. Embora a internet tenha modificado um pouco o modo como se exerce a prostituição, não chegou ao ponto de evitar os números alarmantes da violência contra essa população de trabalhadoras. Aqui, a luta deve ser contra a transfobia e pela inserção da população trans no mercado de trabalho, permitindo que exerçam a prostituição se desejarem, mas não como única alternativa de sobrevivência.

3.

EMPODERAMENTO FINANCEIRO E "O DINHEIRO QUE NÃO EMPODERA"

O empoderamento financeiro das mulheres é muito valorizado e incentivado pelo movimento feminista como um caminho para termos autonomia e domínio real sobre nossas vidas. Há estudos importantes sobre o viés feminista do Bolsa Família e dos outros programas sociais e ações afirmativas brasileiros que teriam empoderado mulheres ao transferir a elas a responsabilidade pelas decisões sobre a administração financeira dos lares. É essencial que as mulheres passem a dispor de bens e que administrem suas vidas e o orçamento de suas famílias. No entanto, quando se percebe que muitas mulheres assumem a posição de mantenedoras de suas famílias e de gestoras de seus bens por mcio do trabalho sexual, todo esse discurso parece cair por terra. Aparentemente, o dinheiro ganho com o trabalho sexual é um dinheiro que não empodera, ainda que tenha exatamente o mesmo poder de compra que o dinheiro recebido pelo exercício de qualquer outra atividade.

"Para determinados feminismos, o relato de uma mulher que obtém sucesso financeiro na prostituição nunca pode ser levado em consideração", diz Aline T., prostituta e advogada paulistana. "Prostituir-se e continuar levando uma vida precária é o único tipo de relato tido como legítimo. Quero dizer, se uma pessoa não está se dando bem na prostituição, por que ela simplesmente não para de se prostituir? Ah, ela não tem escolha, ela precisa desse mínimo para sobreviver e sustentar seus filhos. Mas se é verdade que essa mulher não tem escolha, por que acabar com essa única opção, em vez de torná-la menos nociva?" Aline prossegue: "Eu não entendo. Nunca vi ninguém entrar para a prostituição com uma arma apontada para a cabeça. A sensação que tenho é que é ofensivo ganhar dinheiro dispondo de algo que elas [as ativistas antiprostituição] foram condicionadas a guardar a sete chaves. Tenho a impressão de que elas julgam nosso trabalho fácil porque usamos nossa sexualidade e nossos corpos para ganhar dinheiro. Julgam o sexo imoral, e aí se apoiam no fato de que algo simples, como transar, não poderia gerar lucro. É como se estivéssemos trapaceando na meritocracia".

Embora o conceito de meritocracia seja bastante falho, as palavras de Aline são certeiras. É como se as pessoas quisessem nos punir por, em vez de nos dedicarmos a trabalhos tão precários quanto e de remuneração pior, termos encontrado o que consideram uma espécie de atalho e sem nos submetermos ao matrimônio, atalho socialmente aceito.

Depois de muitas conversas com Aline T. e outras trabalhadoras sexuais, entendo do que elas reclamam: a mulher que exerce a prostituição e ao mesmo tempo a rechaça jamais é questionada. Sua palavra jamais é contestada. Ela nunca é vista como alguém que possa estar enganada sobre como vê o trabalho sexual. Já a mulher que exerce a prostituição e que, ainda que não tenha fantasias sobre a precariedade que cerca seu trabalho, a assume como uma atividade possível, que permite sobreviver melhor do que outras, a palavra dessa mulher aparece sempre como algo a ser questionado, desqualificado e desmentido. Não defendo aqui que se desconsidere a palavra de mulher alguma, mas precisamos pensar sobre o que, afinal, nos faz ouvir essas mulheres que falam sobre o mesmo tema, cada uma a partir de sua vivência pessoal e com um ânimo diferente. Eu acredito que o estigma seja parte do que leva as pessoas a desconsiderar essas falas.

Dolores Juliano, antropóloga argentina, fala sobre o estigma como fator essencial para a manutenção do sistema: "A função de ser esposa e mãe em nossa sociedade é tão pouco atraente que o único modo de convencer as mulheres de que é uma boa escolha seria persuadi-las de que a outra possibilidade é bem pior". Ela afirma que o estigma é mais danoso às trabalhadoras sexuais do que o próprio trabalho sexual, mas também acha que ele não está diretamente ligado ao fato de algumas mulheres cobrarem por sexo. Na verdade, todas as mulheres que de algum modo contrariam a ordem das coisas na sociedade patriarcal se arriscam a sofrer por conta desse estigma: a Ofensa Madre, parecer uma puta, ser confundida com uma puta, ser chamada de puta.

Morgane Merteuil, uma das fundadoras do STRASS, sindicato francês de trabalhadoras sexuais, vai além. Ela fala da perseguição às trabalhadoras sexuais no mundo todo como uma maneira radical de formar um exército de reserva para o trabalho precário e mal remunerado. Se nos convencem de que qualquer outro trabalho é melhor e menos degradante que o trabalho sexual, fica mais fácil fazer com que aceitemos maus trabalhos e péssimos salários. Faz sentido.

4.

PUTA – SUJEITO, NÃO OBJETO. REFLETINDO SOBRE QUEM SOMOS: (RE)PENSANDO FEMINISMOS

As vozes que a sociedade considera dignas de ouvir: ou se dá espaço a uma ideia festiva, glamorosa e fantasiosa da prostituição, ou a uma visão dramática da prostituta, como mulher sofrida e vitimizada. Não é possível ou desejável fugir do clichê, abrir mão do estereótipo e ouvir as prostitutas como se fôssemos pessoas. Em geral, as pessoas não conseguem perceber que a prostituta pode ser a vizinha que cria os filhos sozinha, a universitária que mora ao lado, a moça independente e discreta da casa da frente.

Almoçamos, jantamos, consumimos. Existimos, por mais que existirmos também fora do gueto seja inconveniente em uma sociedade profundamente hipócrita e conservadora – uma sociedade que nos alimenta, mas não quer que sentemos à mesa.

Essa invisibilidade forçada pelo estigma, que afeta não só as trabalhadoras sexuais mas também suas famílias, amigos, filhas e filhos, me fala da urgência de abrirmos espaço para tratar dos temas relativos ao trabalho sexual a partir de uma ótica feminista, não moralista, não punitiva e não vitimista.

Precisamos poder pensar sobre nossas vidas, nossas questões, nossa comunidade – para além dos espaços que a sociedade tem nos reservado. Se há entre nós muita gente interessada em desenvolver outra atividade e abandonar o meio, que possamos encontrar juntas caminhos realmente melhores e formação adequada. Almejemos mais do que apenas exercer trabalhos precários fora da prostituição. Ocupemos as universidades; nós somos capazes. E que possamos, ainda assim, se quisermos, seguir exercendo o trabalho sexual, pois não há nada de verdadeiramente errado nisso.

Lutar por políticas públicas que garantam às mulheres mais e melhores opções de vida, lutar por equiparação salarial entre homens e mulheres e lutar pelos direitos das trabalhadoras sexuais não são, e não podem ser, excludentes.

Também é urgente fortalecer espaços onde possamos lembrar que, antes de prostitutas, somos mulheres, e que podemos, sim, ser feministas. Existe ainda muita relutância entre algumas de nós sobre nos declararmos feministas, sobre o direito óbvio e a necessidade de nos aliar a essa luta. Vejo que isso acontece muito pelo fato de sermos constantemente hostilizadas dentro do movimento.

O fato é que o feminismo convencional não chega ao prostíbulo e, quando chega, é ou na forma de salvacionismo, ou na de discurso de ódio. Chega, muitas vezes, na forma de passeatas contra a prostituição – e, sim, contra as prostitutas. Nem sempre de forma tão direta quanto o movimento das Mães de Bragança, grupo de mulheres portuguesas que, no começo do século XXI, chegou a ser capa da revista *Time* por lutar contra as prostitutas brasileiras que trabalhavam na cidade. Mas chega na forma de agressão, de pichações violentas que nos dizem que os corpos delas, das outras mulheres, não são mercadoria – como se nossos corpos fossem mercadoria e nossa existência nos puteiros representasse algum tipo de ameaça ou convite. Talvez o grande perigo que a puta representa para a sociedade ainda hoje seja exatamente este: acabar por convencer as outras mulheres de que o "lado de lá" não é, afinal de contas, tão ruim ou perigoso assim.

O feminismo chega ao puteiro, entao, como algo que quer nos tirar a fonte de renda, o trabalho – aquele que muitas vezes é nossa única ou melhor opção de sustento –, e nunca como um aliado na busca por melhores condições de vida. Chega como um discurso moralista e moralizante, nunca empoderador.

A ideia de que nós, as trabalhadoras sexuais, podemos nos sentir parte dessa luta, de que ela também é nossa, tem sido uma construção delicada e quase tímida. Mas muito poderosa: quando uma mulher se dá conta de que tem direitos, todas as mulheres ganham.

Lembro de quando comecei a pensar sobre feminismo e prostituição, a partir de alguns artigos que li no site da Marcha Mundial de Mulheres no Brasil. Era tudo lindo: instruções sobre como organizar protestos, ações, como fazer lambes (colagens feministas nas paredes das cidades). Acima de tudo, a ideia muito simpática de que mulheres andando juntas se tornam mais fortes. O feminismo me seduzia.

No entanto, muitos dos textos sobre prostituição que encontrei no site não fechavam com a minha vivência. Precisei de muitas leituras até perceber, por exemplo, que todo o sexo pago era apresentado como estupro. Uma ideia terrivelmente ofensiva: enquanto mulher, eu sabia muito bem diferenciar sexo consensual e estupro. A ideia de que podíamos estabelecer limites nas relações pagas era ignorada; a possibilidade de sabermos o que estávamos fazendo era tratada como inexistente. Segundo o que esses textos me diziam, uma prostituta que diz que consentiu em fazer sexo estaria sempre enganada, iludida pelo dinheiro, forçada por sua situação financeira a aceitá-lo. Seu consentimento, portanto, não deveria ser levado em conta.

Como mulher, prostituta e ser pensante, aquilo não me soava bem. Aquilo me feria e me afastava: elas estavam estabelecendo um desnível bastante evidente entre "mulheres decentes" e putas; um desnível que dizia que eu era menos inteligente e, por isso, menos capaz de perceber as opressões que sofria do que elas, que viviam de outras atividades que não a de cobrar por sexo. Eu sempre soube que era muitas coisas, mas, entre essas coisas todas, sempre soube que era uma mulher inteligente e capaz. De modo que fui em frente. Precisei dissecar esses raciocínios todos para poder seguir vivendo, e com a cabeça erguida, puta atrevida que sou.

É interessante: eu percebia que esse pensamento estava (e está) muito alinhado ao raciocínio dos clientes mais machistas, os mais misóginos, aquele discurso que eu já conhecia bem dos fóruns de avaliação do trabalho de prostitutas. O discurso dos homens que, ainda que jamais dispensem nossos serviços, nos consideravam (e, na verdade, consideravam todas as mulheres) intelectualmente inferiores. Assim como essas feministas também nos consideravam, as putas, intelectualmente inferiores apenas porque vivemos de cobrar por sexo, porque exercemos uma atividade na qual usamos primordialmente nosso corpo, nossa sexualidade, e não apenas nossa mente. Então, como eu sabia que o machismo dos fóruns não nos contemplava, eu também sentia a necessidade de situar nosso lugar nesta sociedade. Mas onde poderia ser esse lugar, se eu me sentia num limbo entre a opressão machista e o discurso antiprostituição? Foi a partir daí que comecei a pensar o lugar das trabalhadoras sexuais na luta feminista.

Algum tempo depois, conheci pela internet outras trabalhadoras sexuais, mulheres de outros países. Foi a partir delas que acabei chegando ao site da Aprosex, associação espanhola de trabalhadoras sexuais. Também pela internet soube da existência da Ammar (Associação de Mulheres Meretrizes da Argentina) e conheci o trabalho maravilhoso de Georgina Orellano, sua secretária-geral, que vim a conhecer pessoalmente anos depois, em Montevidéu. Tive acesso a textos de trabalhadoras sexuais como Montse Neira, Melissa Gira Grant, Pye Jakobsson, Morgane

Merteuil e outras tantas que me traziam a possibilidade real de me considerar, também, uma feminista.

Meu horizonte se ampliava. Comecei a mergulhar em leituras poderosas, a explorar outras perspectivas que me permitiam continuar sendo uma mulher feminista, trabalhadora, sem ter de higienizar a puta mulher que eu era. Primeiro em minha cidade, depois em todo o país, comecei a participar de encontros não apenas do movimento de prostitutas, mas de outros, o que me permitiu conhecer a realidade de outros trabalhadores e colocar minha perspectiva como trabalhadora sexual. E conheci outras prostitutas, líderes em suas comunidades, mulheres fortes e influentes. Assim, vi o nosso putafeminismo se construir, aos trancos, entre mulheres que, sem conhecer teoria alguma – muitas mesmo sem jamais ter ouvido falar de feminismo –, faziam já um feminismo bruto, essencial, para se manterem vivas nos lugares agrestes de onde vinham. Um feminismo verdadeiramente radical, radicalmente libertário, autônomo, estava se forjando e acontecendo ali, entre mulheres pobres e de pouco estudo formal.

Nessa caminhada para identificar onde o feminismo se encaixava em nossa luta, e vice-versa, um dos momentos que mais me marcaram foi quando Célia Gomes, mulher, prostituta, negra e nordestina, uma das fundadoras, e hoje presidenta, da CUTS, me mandou a arte de nossa primeira camiseta, que ela criou com Diana Soares, presidenta da Asprorn (Associação de Prostitutas e Congêneres do Rio Grande do Norte), e que na época fazia parte da coordenação da Central. A imagem era de um armário, do qual saíam, escritas em letras alegres, as palavras: "Tirando o nosso feminismo do armário". A frase, escolhida por elas em conjunto com outras ativistas da Aprospi (Associação de Prostitutas do Piauí) e da Articulação Norte-Nordeste de Prostitutas, falava de um direito que nenhuma pessoa, nenhuma mulher, nos tiraria a partir dali: o direito de sermos putas e feministas.

É preciso lembrar que os movimentos de prostitutas, surgidos a partir do final dos anos 1970, são movimentos de mulheres trabalhadoras que lutam por seus direitos e, portanto, claramente feministas. Lutamos por nosso direito de existir sem estigma e sem violência, por nosso direito de criar nossos filhos e filhas em segurança, por nosso direito de ocupar espaços para além das esquinas – reais e simbólicas – nas quais temos sido historicamente segregadas.

O senso comum diz que prostitutas não podem ser feministas. Sendo a prostituição uma invenção do patriarcado, a prostituta seria uma mulher que existe apenas em função do prazer masculino. Mas não é estranho que, sendo a prostituta essa serva tão dedicada do patriarcado, ela também tenha sido tão estigmatizada, perseguida e punida através dos séculos?

Silvia Federici, como já lembramos, diz que são três os trabalhos que se exigem das mulheres sem que nada se pague por eles: o trabalho doméstico, o trabalho sexual e o trabalho reprodutivo. Ao colocar um preço no trabalho sexual que executa, a prostituta pode, em certo sentido, estar subvertendo essa lógica – e talvez por isso precise ser brutalmente perseguida. Ao mesmo tempo, não dá para esquecer que a prostituta, sendo uma mulher igual às outras, está inserida no mesmo contexto de exploração e opressões que cerca todas as mulheres. Nesse sentido, o feminismo é importante: ele empodera essa mulher, que existe para além de seu trabalho.

Quando outras feministas lhe diziam que não podia ser feminista porque era puta, Gabriela Leite respondia que podia e que era, portanto, uma puta feminista.

Putafeministas. Somos.

> "Nós criamos situações sexuais com limites muito claros, para nós mesmas e para nossos clientes. De fato, uma das coisas pelas quais as pessoas nos pagam é por limites claros. É como a pessoa que vai ao massagista; você está pagando para ser tocado sem ter que se preocupar com intimidade, reciprocidade e consequências a longo prazo."
>
> *(Carol Queen, prostituta, feminista, sexóloga e performer norte-americana)*

5.

"MEU CORPO, MINHAS REGRAS"

Algumas pessoas falam do trabalho sexual como uma atividade feminista em si mesma, partindo da premissa bastante óbvia de que o corpo da mulher pertence a ela. Assim, a mulher deve dispor dele como bem lhe convier, e é livre até para cobrar por sexo. É uma ideia simples e reta. No entanto, entendo que as coisas vão um pouco além disso.

A máxima "meu corpo, minhas regras" tem, para a prostituta que exerce sua atividade de modo rotineiro, um peso diferente do que tem para a mulher que não precisa cobrar por sexo para se sustentar. Se, por um lado, concordamos que as mulheres devem ser livres para exercer sua sexualidade e dispor de seu corpo da forma como lhes parecer correta, agradável e melhor, por outro lado seria ingênuo perder de vista o óbvio: na prostituição, a sexualidade da mulher é posta a serviço do contratante, e o contratante é, regra geral, um homem conservador e machista, como a maioria dos homens. Justiça seja feita: o meio da prostituição é dos mais caretas que existem na face da Terra. Para a prostituta, que vive de cobrar por sexo, a única transgressão possível é justamente essa: cobrar por sexo.

É preciso estar muito consciente do lugar que se ocupa neste mundo. É preciso se conhecer e conhecer o meio em que se atua, sem ilusões, para poder impor respeito e limites. É preciso romper com determinadas regras. O fato de estabelecermos nossos limites claramente ao fechar o contrato verbal de prestação de serviços sexuais ajuda – mas não é tudo. E se não é tudo, é porque esses limites estão, muitas vezes, condicionados à nossa necessidade financeira no momento do acordo.

Quantas mulheres, na prostituição, têm condições de se recusar a atender um cliente desagradável, por exemplo? Quantas podem dizer que nunca se submeteram a cumprir uma tarefa desagradável por causa do valor oferecido, que poderia suprir alguma necessidade imediata ou ser financeiramente compensador?

Do mesmo modo, quantas são as mulheres de fora da famigerada indústria do sexo que podem se desvencilhar de um chefe assediador sem o risco real de perder o emprego, ou sair de um relacionamento abusivo sem precisar pesar a questão financeira?

Num mundo dominado por homens (bem, homens cisgêneros, brancos e heterossexuais), nossas escolhas continuam sendo bastante limitadas. E tão mais limitadas serão quanto mais humilde for nossa origem.

Trata-se de uma questão estrutural, e não individual. Podemos falar em empoderamento como construção individual, mas sem perder de vista que essa construção só vai mostrar potência verdadeiramente transformadora quando se tornar coletiva. Incentivar a autonomia umas das outras é potencialmente revolucionário e também o único caminho possível para produzir alguma mudança nas relações entre as prostitutas e o resto do mundo. Para tanto, precisamos derrubar os muros que nos separam – prostitutas, mulheres, feministas. Uma tarefa árdua, quando toda a sociedade, e mesmo alguns feminismos, se esforçam desesperadamente para levantá-los e mantê-los sólidos.

O desafio na prostituição é não se submeter ao desejo alheio.

Também é importante reconhecer que esse desafio não é exclusividade das relações do trabalho sexual. Ele se faz presente em todas, às vezes de forma até mais pesada nas relações amorosas. Ao menos em tese, a prostituta pode estabelecer seus limites ainda antes de aceitar o contrato, coisa que não ocorre nas relações amorosas. A namorada, a noiva, a esposa não têm limites. Ao contrário: quanto mais cede, mais "comprova" o seu amor. E quanto mais cede, mais acaba tendo que ceder para seguir comprovando.

Ainda assim, as relações não pagas são infinitamente mais respeitadas nesta sociedade do que aquelas em que se troca sexo por dinheiro abertamente. O modo como nossa sociedade lida com sexo e dinheiro é contraditório: são dois bens venerados e perseguidos ao extremo, mas a ideia de que possam andar juntos assusta. Assim, o princípio de que a mulher que cobra por sexo deve se submeter às ordens do cliente sem jamais contestá-lo se faz presente o tempo todo, ainda que isso não corresponda a uma realidade reta.

Parece que esquecemos que o dinheiro não é a única moeda de troca possível quando se fala da submissão feminina ao desejo alheio.

Há pouco tempo, tive uma discussão no Facebook que logo chegou a um ponto a partir do qual não havia como avançar: minha interlocutora me acusava de desrespeitar meu próprio desejo quando me exibo pela webcam. O único motivo que tinha para afirmar isso era a minha revelação de que cobro para fazê-lo. O argumento que me foi oferecido soou assustador. Segundo ela, há casais que se exibem na internet sem cobrar nada – e este, apenas este, seria o sexo virtual bom, permitido, legítimo, em que há prazer mútuo entre as pessoas que se exibem e as que olham. Fiquei dias me perguntando o que a fazia afirmar, com tanta certeza, que meu prazer deixava de ser legítimo, ou mesmo de existir, apenas pelo fato de eu estar em um site pago e recebendo por isso. E passei outros tantos dias me perguntando como ela podia afirmar, com tanta convicção, que aquela outra mulher estava ali por livre e espontânea vontade. Não haveria hipótese de ela estar se violentando de algum modo – para, por exemplo, preservar seu relacionamento com o parceiro de exibição?

Não que a outra mulher não pudesse estar ali de livre, espontânea e legítima vontade. Mas a demonização das relações do sexo pago muitas vezes acaba nos impedindo de perceber as delicadas nuances que elas contêm. Não nos permite vê-las como objeto de consensualidade. Ao mesmo tempo, existe algo que nos leva a considerar consensuais, adultas, saudáveis e prazerosas todas as relações que não envolvem o dinheiro como mediador, ao menos não declaradamente.

Mas o que torna a mulher que declaradamente cobra por sexo tão diferente ou, em certo sentido, pior do que a mulher que não cobra? Por que o fato de sabermos que uma mulher cobra por sexo a transforma, repentinamente, num ser execrável e digno de nosso ódio, de nossa pena ou de ambos? Como se dá essa construção?

Simone de Beauvoir coloca que a única diferença entre as pessoas que se vendem pela prostituição e as que se vendem pelo casamento consiste no preço e na duração do contrato. Esse trecho é usado constantemente num contexto de hierarquização das mulheres. Ainda temos ali, invisível mas presente, a "mulher honesta": estando tanto a esposa interesseira quanto a prostituta no mesmo patamar de desonestidade, delas se diferencia aquela que não se vende (a não ser, talvez, pelo mito do amor romântico).

De qualquer modo, a métrica de respeitabilidade nesse caso favorece ainda a esposa, mesmo que se venda: é a mulher que tem dono, que pertence, que deve obediência e bom comportamento ao marido (sob pena de anulação do contrato). Já a prostituta é execrada: é a mulher sem dono e, ao mesmo passo, a "mulher de todos". Deve, portanto, ser apontada, estigmatizada, isolada socialmente.

É importante lembrar que, em boa parte da história da humanidade, apenas duas classes de mulheres tinham acesso ao conhecimento e a uma certa liberdade, ainda que esta fosse simplesmente a liberdade de não se tornar propriedade de homem algum, de não precisar servir a um marido: as freiras e as prostitutas. Não por acaso, são mulheres estigmatizadas, e sua sexualidade é posta à mesa e debatida livremente por qualquer pessoa: o celibato de uma, a promiscuidade de outra, comportamentos avessos, mas passíveis de julgamento.

Ainda que as mulheres possam ocupar, na sociedade contemporânea, outros espaços que não o de esposa ou prostituta, podendo exercer uma série de outras atividades, vamos perceber que essa linha tênue que nos separa entre "boas" e "más" segue existindo. O estigma de puta, renovado a cada geração, delimita os espaços que podemos ocupar sem risco de violência física e desgraça pública. A verdade é que nem ser esposa nem ser prostituta garante às mulheres alguma felicidade e segurança na sociedade em que vivemos. Uma sociedade que louva o matrimônio como o lugar mais nobre a ser ocupado por uma mulher. Uma sociedade que ama a prostituição e odeia as prostitutas, que apresenta o lugar da puta como o pior que pode ser ocupado por uma mulher e que, para torná-lo ainda pior, violenta diariamente as prostitutas, sobretudo as que ousam se revelar.

O matrimônio, e mesmo o conceito de amor, têm sido usados historicamente há séculos como estratégia para tomar o trabalho das mulheres sem pagar nada por ele. O cuidar, o agradar, o cozinhar "por amor", não só para o marido mas para a família toda, dispensando remuneração ou agradecimento. Esse trabalho, embora seja muitas vezes considerado sem valor ou não trabalho, é essencial para a manutenção da sociedade.

Na instituição do casamento, em geral o trabalho puramente sexual é tomado da esposa pelo marido apenas por um período curto. Em seguida, o trabalho sexual da esposa costuma ser alçado à condição de trabalho reprodutivo, passando o trabalho exclusivamente sexual a ser "terceirizado", como diz Indianara Siqueira.

Ou seja, o trabalho puramente sexual passa a ser realizado por amantes ou prostitutas. Muito raramente essa "terceirização" é uma escolha da esposa ou tem sua concordância. Nessas relações de monogamia unilateral, as esposas passam, então, a ser privadas do sexo. É o "acordo" mais comum nos casamentos: o homem sai em busca de sexo às escondidas, enquanto a mulher cuida da casa e dos filhos e o espera com o jantar servido e tudo em ordem.

Podemos perceber em alguns discursos, ainda, que não é bem aceito socialmente um homem desejar a mesma mulher por muito tempo. É socialmente aceitável, e mesmo desejável, que o sexo entre marido e mulher esfrie com o tempo. Ninguém estranha se marido e esposa revelam que não fazem mais sexo no casamento. Mas, como um homem não pode ficar sem sexo, não se ousa questionar seu comportamento quando transa com outras mulheres fora do lar. O matrimônio, nos moldes que conhecemos hoje – e, talvez, desde sempre –, é uma instituição que destrói, aos poucos mas violentamente, a vida das mulheres.

Em contrapartida, nós, prostitutas, não raro acabamos cedendo ao discurso raso que defende a ideia de que, dentro do prostíbulo, a vida e a sexualidade acontecem de forma libertária, o que de modo algum condiz com a realidade. Sujeitas a cachês mirrados, horários a cumprir e tendo que mostrar um comportamento de certa forma exemplar, o que temos nesse espaço são muitas restrições. E isso sem falar do forte estigma que incita e legitima a violência contra nós, não raro cometida por nossos próprios parceiros. Sim, pois embora a sociedade saiba muito bem fazer a distinção entre esposa e puta, as putas também podem ser esposas.

Então, Indianara está certíssima quando coloca que é mais seguro ser prostituta do que esposa no Brasil de hoje (e ela diz isso seguidamente porque gosta da provocação). O número de feminicídios comprova que a imensa maioria das mulheres são assassinadas na segurança de suas casas e por homens com quem têm relações de confiança. Só raramente ela deixa de acrescentar que nós, putas, também temos parceiros e, às vezes, também confiamos demais.

6.

DE GABRIELA LEITE À PUTÍSSIMA TRINDADE: FEMINISMO EM CHAMAS

"'Meu nome é Gabriela, eu sou prostituta da Vila Mimosa.' Aí foi um rebu. A prostituta falou. Parece incrível, mas o tabu perdurava mesmo ali, entre mulheres conscientes: prostituta não fala. Eu falei."

(Gabriela Leite)

Era janeiro e as entranhas do movimento feminista ferviam: a Globo, maior rede de televisão do país, decide levar ao ar um programa de auditório sobre feminismo. Entre as convidadas, inclui uma puta. Por dois minutos e quinze segundos, tempo cuidadosamente cronometrado por uma jornalista insatisfeita com o fato, falei de prostituição e de feminismo. Algumas poucas palavras foram o suficiente para atiçar a ira dos setores mais conservadores do movimento feminista: como um programa assistido por sei lá quantos por cento da população brasileira pode deixar uma prostituta falar? (Como se não fizéssemos parte da população brasileira.)

É interessante: embora boa parte dos ataques em posts de Facebook falasse do quanto é problemático que a mídia se aproprie do feminismo como pauta e do que isso significa, para algumas feministas o grande problema era mesmo a presença de uma puta. O programa foi ao ar na noite de uma quinta-feira, e os ataques duraram semanas. Eu estava participando, com Betânia Santos, presidenta da Associação Mulheres Guerreiras, de um evento organizado pelo Fundo Elas, que reunia representantes de vários outros coletivos feministas. Estávamos lá para falar da importância de incluir as pautas das trabalhadoras sexuais na luta feminista. Acompanhei a indignação virtual direto do Rio de Janeiro, o que não deixa de ser simbólico: foi lá que nasceu, na década de 1980, o movimento de prostitutas no Brasil.

É curioso: em 1982, Gabriela Leite participou de um encontro de mulheres ativistas e já então a questão se apresentava: uma prostituta pode falar por si? E, se falar, ela pode falar algo que ninguém deseja ouvir? Uma prostituta pode ser feminista? Em 2017, o tabu persiste.

Não me surpreendi: saíra de Porto Alegre alguns dias antes, levando comigo as insinuações pesadas que ouvi a respeito das putas ativistas. Dizia-se por aí que somos mulheres incrivelmente articuladas, inteligentes, de fala sedutora, com boa formação e condição financeira invejável. Mas que, na verdade, não estávamos lutando por direitos, e sim nos misturando às outras mulheres na clara intenção de conquistar mais e mais adeptas para o exercício da prostituição.

Ainda que a ideia seja absurda e falaciosa, confesso que, quando me contaram dessas falas, ouvi com uma pontinha de orgulho: enfim, não éramos mais menosprezadas. Elas estavam erradas sobre nossa intenção, mas não nos menosprezavam mais. Fiquei feliz. Isso me dizia que a figura transgressora e subversiva da prostituta tinha afinal uma voz, e disputava a opinião pública sobre a atividade que exerce. E me falava do quanto isso pode ser assustador, tanto da perspectiva do homem que contrata nossos serviços às escondidas quanto da mulher que teme ser confundida com uma puta. São os nossos saberes, os saberes que trazemos sobre papéis sociais, gênero, sexualidade e corpo, que finalmente começam a ter lugar.

Construções que haviam tido início anos antes, quando conheci Indianara Siqueira e, poucos meses depois, Amara Moira, estavam ali mostrando sua potência.

Indianara, puta e travesti, teve papel fundamental na minha opção pelo ativismo. Ela entrou na minha vida pouco depois da invasão de um prédio de prostitutas em Niterói (RJ) pela polícia. Eu estava no Rio de Janeiro com Renato Martins, jornalista e companheiro no projeto MundoInvisivel.org, por ocasião das comemorações do Dia Internacional das Prostitutas, quando conseguimos encontrá-la. Ativista da causa trans há mais de 20 anos, Indianara é uma mulher de traços delicados e personalidade forte. Logo veio Amara Moira, puta e travesti, que conheci no início de sua transição. Moira atuava em Campinas e me trouxe uma nova visão das coisas e, muitas vezes, de mim mesma, puta velha que se redescobre dia após dia em suas palavras. Não sei como ou quando Indianara convencionou que formaríamos, as três, a Putíssima Trindade. Aquilo me pegou de um modo que não sei explicar. Em algum momento, combinamos uma revolução.

Mas se essa revolução acontecia – e de fato acontecia, podíamos sentir na pele –, também vinha um questionamento: como seguir escrevendo a história da prostituição a partir desse ponto? A partir do momento em que a puta deixa de ser aquela sombra na esquina e passa, ela mesma, a escrever sua própria história, a contestar o que lê, a complementar relatos e rejeitar outros, tudo isso dispensando intermediários, ruídos e cortes? Ela se desnuda, para além das roupas e clichês, a mulher, a pessoa. Por quais caminhos isso nos levará?

7.

A PUTA NA INTERNET: DOS CHATS AO ATIVISMO VIRTUAL

A presença das prostitutas na internet não é um fenômeno exatamente recente. A migração da prostituição de rua para os anúncios de jornal, e dos anúncios de jornal para a internet, acontece no Brasil no final do século XX a partir do uso de chats para intermediar relações ocasionais. Esses chats logo passam a ser vistos como um bom espaço de divulgação para os serviços de acompanhantes. Nem sempre as mulheres que aceitavam ter encontros pagos nos chats eram prostitutas: muitas estavam apenas de passagem e acabavam seduzidas por *nicks* como "Pago 500" ou propostas de encontro – o dinheiro como facilitador do sexo casual. Havia até uma sala famosíssima no Uol chamada "Vontade de ser puta". Era frequentada por mulheres que não eram exatamente profissionais do sexo (embora também por muitas dessas profissionais).

Nessa transição rua-puteiro-jornal-sites, não podemos esquecer, ainda, da inestimável contribuição dos *pagers*, os comunicadores que antecederam a chegada e a popularização dos telefones celulares. Antes dos sites, aliás, o sistema de enviar os books das agências de prostituição por fax foi uma grande febre, pelo menos em Porto Alegre. A agência Doris, supostamente fundada pelo ex-dono de uma lotérica, ficou bem famosa na capital gaúcha por oferecer a "nova tecnologia", o photo-fax (fotos das prostitutas enviadas pelo aparelho de fax, para que o cliente, baseado naqueles rabiscos, pudesse escolher sua companhia), chegando a merecer reportagem de três páginas em um jornal local, além de fazer anúncios de página inteira nos classificados.

Com a popularização da internet, empresas de todos os segmentos começam a ter seus próprios sites. Com isso, também surgem as páginas oferecendo serviços sexuais, as de agências, blogs individuais e, a seguir, aquelas exclusivamente voltadas a divulgar anúncios de prostitutas e serviços para adultos, como boates e motéis. Embora a internet jamais tenha substituído totalmente os intermediários – que seguem existindo, na figura de agências, secretárias, portais de anúncios ou mesmo fóruns de divulgação e avaliação de serviços de acompanhantes –, nem extinguido antigas formas de organização da prostituição, como as boates, as termas e as casas/clínicas de massagem, a partir do advento da rede pode-se dizer que as prostitutas, assim como outras trabalhadoras autônomas, passam a ter maior controle em relação à administração de seus horários e mais liberdade para exercer atividades diversas, fazendo do trabalho sexual um meio de complementar sua renda.

Com a internet também cresceu o número de pessoas que atuam na indústria do sexo: sem horários rígidos e sem envolver necessariamente a exposição pessoal, a prostituição se tornou, de certa forma, mais fácil e atraente. No entanto, conforme mais e mais plataformas surgem, vamos observar uma possibilidade perversa do uso da tecnologia: nas redes, é bem simples descobrir o perfil pessoal de garotas de programa. Surge daí um tipo específico de *revenge porn*, que inclui expor dados pessoais e fotos sem retoque de mulheres que exercem o trabalho sexual. Quando se trabalha com sexo, fica cada dia mais complicado esconder-se num meio em que, hoje, a privacidade praticamente inexiste. Os costumes não evoluem no mesmo passo e o estigma segue fazendo vítimas entre nós. Chantagens e coação não são raridade no meio.

Apesar de nossa presença na internet não ser de modo algum novidade, ainda hoje surpreende as pessoas. No Brasil, vejo o blog da Bruna Surfistinha como uma espécie de marco nessa história. Embora ela nunca tenha tido a pretensão de ser uma ativista pelos direitos das trabalhadoras sexuais, e nem tampouco se possa dizer que tenha, de algum modo, colaborado intencionalmente para romper com o estigma que existe em relação às prostitutas, a personagem de Raquel Pacheco ganhou mundo a partir do fato de ser uma ex-prostituta que conta suas aventuras e desventuras na atividade, da qual é "salva" por um cliente em nome do amor. Lançado em 2006, seu livro trouxe a público a ideia de que uma jovem qualquer de classe média em apuros financeiros pode se tornar prostituta. Não que isso não acontecesse antes, mas agora parece mais palpável e concreto.

Outro momento interessante na história da prostituição que acontece na rede é o surgimento dos dois primeiros fóruns de avaliação de serviços de profissionais do sexo do Brasil, o GpGuia e o FSD (Fórum Sexy Dicas). Em relatos de encontros e avaliações positivas ou negativas dos serviços de trabalhadoras sexuais – que atuam na internet ou não –, os usuários mostram ao mundo o perfil do homem que consome serviços sexuais, ajudando a quebrar estereótipos e, talvez, a humanizar essa figura, vista historicamente como um marginal, violento, pervertido. Lá estão os verdadeiros clientes das prostitutas: médicos, economistas, contadores, publicitários, funcionários públicos. Os homens com quem as outras mulheres dividem a cama, que dividem conosco suas fantasias e segredos e exercem sua sexualidade. Uma imensa comunidade de putas, putanheiros, cafetões e cafetinas se formou ali, para quem quisesse ver. Era positivo e, em certo sentido, não deixava de ser interessante que os homens se dispusessem a se expor, falar de sua masculinidade e até mesmo revelar sua misoginia diante de outros homens e mulheres. Quase como o bar da esquina, só que virtual, e com alguma ilusão de anonimato. Obviamente, era um grupo que tentava, e até certo ponto conseguia, condicionar nosso modo de trabalhar e mesmo nosso cachê. Ao mesmo tempo, as interações que aconteciam ali eram bastante ricas, ou ao menos eu as vi assim por bastante tempo.

Voltando a Bruna Surfistinha, penso que ela foi importante como uma personagem que, em certo sentido, humanizou a figura da prostituta, lembrando que podemos estar em todos os lados, inclusive na internet. Mas, se ela é uma referência quase sempre citada quando se fala em prostituição e internet, as putas blogueiras e escritoras de hoje procuram se desvincular de sua imagem. Até porque os tempos são outros: me parece que agora chegou o momento em que a prostituta se despe da personagem e usa seus espaços não apenas para captar novos clientes, mas para conquistar um novo lugar na sociedade. Reivindica tratamento digno, exige respeito, fala de direitos trabalhistas com propriedade, debate política, debate feminismo, se insere nos grupos. Fala por si. Já não é mais possível ignorar o que ela diz. E é neste ponto que sua habilidade na escrita e sua capacidade de comunicação passam a ser citadas pelas ativistas antiprostituição (e antiputas) como algo negativo: não é esta a prostituta "real", aquela que o feminismo *mainstream* quer ouvir, aquela que a sociedade criou e quer ver. A prostituta passa a parecer cada vez mais uma mulher como todas as outras, e isso é tudo que não pode ser aceito. Mesmo quando a prostituta que usa a internet é exatamente aquela que elas dizem procurar: negra, nordestina, pobre. Há uma arrogância gigante aí: algumas pessoas não acreditam que mulheres com pouca escolaridade e menor poder aquistivo possam ter acesso fácil à internet e, por meio dela, se comunicar tranquilamente. Se são prostitutas, declaradamente prostitutas, o preconceito é maior.

Mas assim como acontece em outros movimentos sociais, para o movimento de trabalhadoras sexuais a internet tem se mostrado uma ferramenta essencial. Sentada no Sul do Brasil, tenho acesso ao que acontece, em termos de ativismo, em Corumbá, Buenos Aires, Londres, Paris, Manaus, na Holanda... Quando começamos o MundoInvisivel.org, com a ideia pouco ambiciosa de traduzir os artigos que nos chegavam e disponibilizá-los na rede, talvez não tivéssemos ideia da dimensão que ele poderia tomar, nem da diferença que poderia fazer na forma das pessoas olharem para nós e para nossas questões. Só queríamos entender as coisas melhor; eu só queria entender melhor esse mundo, que é meu mundo e é sempre tão invisível aos olhos de todos. Um mundo que acontece aqui, agora, o tempo todo: a economia invisível, o modo como as coisas se articulam, as engrenagens frágeis e engenhosas que nos permitem estar aqui, mas não nos deixam respirar sossegadas. Dessas leituras e traduções, surge meu fascínio pela função essencial do estigma na manutenção do *status quo* e as milhares de pequenas questões envolvidas em algo que, a um primeiro (e desatento) olhar, parece tão simples.

Surgiu daí, também, o desejo de sair do armário e olhar o mundo a partir do lugar de prostituta que ocupo nessa sociedade, e não de qualquer um dos outros lugares que também ocupo e poderia usar como ponto de vista: de esposa, de dona de casa, de intelectual. Ser puta e escolher não esconder isso mais das pessoas à minha volta foi uma experiência dura, mas essencial para meu crescimento como feminista.

8.

DO COMEÇO

Quando conheci minha primeira cafetina, sexo com desconhecidos já não era novidade para mim. A ideia me agradava imensamente, e eu a punha em prática sempre que podia. Erica Jong foi a primeira autora feminista que lembro de ter lido, sem saber que era uma autora feminista. Seu livro *Medo de voar*, esquecido lá em casa por alguma amiga da minha mãe, talvez tenha sido a influência mais decisiva no início da minha vida sexual. A ideia da *zipless fuck* (a foda sem zíper, quando as pessoas se conhecem, caem os zíperes e as censuras sem que nem saibam seus nomes), que já morava em mim antes que eu pudesse nomeá-la, passou a me atrair ainda mais.

Naquela época era fácil conhecer pessoas pelo 138, um serviço de teleamizade oferecido pela companhia telefônica local (uma espécie de antecessor dos chats de internet) ou por classificados de jornal. Agências de "namoro" punham ao meu dispor, em anúncios quase elegantes, homens, mulheres e casais em questão de horas, sem custo algum e sem que ninguém questionasse, de fato, minha idade. Sabia que precisava ter 18 anos, tinha 15 e já mentia que eram 20. Mesmo antes da internet, minha timidez me fazia buscar constantemente canais em que eu não precisasse abordar ninguém nem responder a abordagens. Apesar disso, volta e meia eu aceitava caronas de desconhecidos a caminho da escola, e essas caronas, caso o motorista me interessasse, podiam acabar no motel. Não, os motéis não pediam documentos naquela época.

Eu não cobrava por isso. Morava com meus pais, não precisava de dinheiro e era tola o suficiente para acreditar que as leis norte-americanas eram similares às brasileiras, ou seja, que prostituição aqui também era crime. Morria de medo de ir presa.

Aos 19 anos, portanto, sexo casual era rotina na minha vida. Cobrar por sexo é que era a grande novidade.

A outra foi descobrir que eu lidava com sexo de maneira diferente das outras garotas, e não só das garotas que não cobravam por sexo. Eu também lidava com sexo de maneira diferente das outras prostitutas à minha volta. Ainda lembro de minha estranheza ao perceber que elas diferenciavam o sexo por trabalho do sexo por prazer. Ou o sexo por amor e prazer, como o sexo com os namoradinhos, aquele que muitas vezes se tornava o sexo realmente perigoso, já que nele se abria mão de algo que, profissionalmente, se aprende a não dispensar jamais: o preservativo. Já era minha segunda tentativa de atuar no ramo e, certamente, mais necessária e urgente do que a primeira.

A primeira tinha sido com a Vera, cujo anúncio na sessão de "Relax e Massagens" do jornal porto-alegrense *Zero Hora*, cheio de mistérios, dizia: "Não é massagem, é algo diferente". Vera tinha uma agência de acompanhantes, possivelmente a primeira da cidade a usar esse método de divulgação: anúncios em jornal e encontros às escuras. O cliente confiava apenas em sua palavra – era quase como as agências de "namoro", mas os encontros eram pagos e mais objetivos. Vera tinha contato com os clientes apenas por telefone e intermediava os encontros com relativa segurança; eles sempre eram marcados diretamente em motéis. Seu pequeno escritório, escondido atrás de algo que passaria facilmente por uma pequena loja de roupas, ficava na zona norte, um pouco além do fim do mundo. Eu, que era cria da zona sul, só então aprendi a atravessar a cidade.

Vera me contatava com alguma antecedência pelo telefone da empresa onde eu estagiava. "No motel do Gruta ao meio-dia, pode ser?" Além de internet, também ainda não existiam no Brasil os telefones celulares, ou pelo menos ainda não haviam se popularizado. Usávamos fax, telex e calças de cintura baixíssima. E foi exatamente o que comprei com o dinheiro do meu primeiro programa: uma blusinha vermelha e uma calça jeans horrorosa, justíssima, de cintura muito baixa e perna boca de sino.

Nas poucas vezes em que atendi pela agência da Vera, tudo sempre aconteceu como combinado: o cliente pagava o cachê e reembolsava minha despesa com o táxi (mais tarde, descobri que usar transporte público e cobrar a despesa como se tivesse usado táxi podia me trazer um ganho extra considerável, dependendo do número de atendimentos no dia).

Trabalhar com Vera foi uma boa oportunidade de conhecer melhor meu corpo, me sentir uma mulher desejada, gozar quase sempre e ainda voltar para o escritório com algum dinheiro – ganhava o equivalente a quase um quarto do meu salário mensal por nem duas horas daquilo que, para mim, se apresentava também como uma grande diversão.

É engraçado, pensando aqui, como os primeiros clientes que atendi por intermédio da Vera "não é massagem" não tenham ficado guardados em minha memória como sendo, de fato, os primeiros. Foram encontros furtivos, poucos, em motéis baratos. Para o primeiro, lembro, menti que era escultora – olha isso! Não achei caminho melhor para encaixar na história minhas unhas roídas e mãos maltratadas. O segundo foi ao meio-dia. Tempo curto e poucas palavras; talvez eu tenha até deixado as mentiras de lado.

Mas sempre que fico lembrando da minha primeira experiência na prostituição, acabo pulando alguns homens. Talvez porque só a partir de uma certa altura eu tenha entendido, conscientemente, que aquela seria minha ocupação principal por boa parte dos anos que viriam.

O homem que guardei na memória como se tivesse sido meu primeiro cliente me recebeu em seu apartamento, carinhoso e educado. Não lembro o que menti. Ele me imaginava inexperiente, enquanto eu mesma me imaginava muito experiente. Não era nem uma coisa nem outra. Apenas fomos nos deixando levar. E eu decidi para mim mesma que, dali em diante, seria sempre assim: sexo pago parecido com o sexo casual, aquele que não envolvia dinheiro. Eu não estaria ali para cumprir roteiros, tabelas ou dar aos outros nada além daquilo que me desse prazer. Não estaria ali para abrir mão do meu prazer. Pareceu natural e, mais que fácil, foi gostoso.

Quando cheguei à casa de Rejane, a segunda cafetina, minha situação já era mais complicada, com o contrato de estágio encerrando. O anúncio oferecia um salário mínimo e meio por dia, e quase sempre cumpria, ao menos nos dias úteis. Governo FHC, filas quilométricas de gente em busca de emprego, advogados disputando vagas de gari. E o poder de compra do salário mínimo era simplesmente ridículo. Até descobrir a prostituição, eu precisava viver o mês todo com pouco menos que um salário mínimo, que era o que o estágio me pagava.

O prédio era antigo, daqueles prédios antigos do Bom Fim. O apartamento era quase grande. As meninas se produziam num quartinho que ambicionava ser camarim: muitas luzes, maquiagem em abundância, perfumes, bijuterias baratas, música animada – e resmungos variados sobre os clientes. Todas eram muito jovens e belas.

Era animador: eu, que antes disso nunca havia pensado em mim como uma mulher bonita, que nunca me encaixei perfeitamente naquele padrão – meus traços são quase indígenas, minhas roupas invariavelmente mal combinadas, quase todas velhas, a postura desajeitada –, estava lá entre elas, jovens, belas e elegantes (na medida em que podem ser elegantes meninas de origem humilde recém-saídas da adolescência e conhecendo um poder de compra nunca sonhado).

E eu que até ali acreditava que era requisito básico para exercer a prostituição gostar bastante de sexo, me chocava frase após frase delas: o negócio parecia ser fazer o cliente gozar o mais rápido possível e cair fora.

Minha inadequação e minha falta de traquejo para a prostituição *mainstream* começaram a se manifestar ali: eu queria ganhar bem, mas queria prazer também. Se os corpos diferentes não chegavam a me atrair, tampouco podia dizer que me desagradavam totalmente. Sempre me parecia possível extrair algo de bom de cada toque, e a ideia de desvincular sexo da possibilidade de prazer me soava como o maior dos absurdos. Centenas de clientes e alguns casamentos depois, ela ainda me espanta. Tampouco me atraía a ideia de que o sexo no casamento precisasse ser uma "obrigação conjugal", sexo feito "para agradar", quase como se você precisasse comprar o amor e a fidelidade do outro com "o melhor sexo que ele pode ter". Aliás, esse tipo de estratégia logo se mostrou completamente ineficaz para mim, mesmo depois de exercer a prostituição e conhecer muito bem os homens. Por melhor que seja o sexo, por mais que você se dedique, eu hoje posso garantir que isso jamais evitará traição.

A cultura da masculinidade venera e exige a fidelidade feminina. A cultura da masculinidade abomina e despreza a fidelidade masculina. A cultura da masculinidade ainda é a cultura da monogamia unilateral. Nenhuma novidade nisso, mas escrevo para não esquecer. Sou marginalizada pela mesma cultura que permite que eu exista.

Por não ser fiel, sou a mais infiel das mulheres: cobro pelo programa, mas faço sexo pelo prazer. Daí vem o conceito da mulher desonesta, a que goza com todos e com nenhum em especial. Ou que talvez nunca goze, que finge orgasmos. E se ela finge que não goza?

Na prostituição, a liberdade sexual – ficou óbvio para mim desde o início – é algo que só contempla os homens. Vinte e poucos anos depois, a ideia da mulher como consumidora de produtos e serviços sexuais ainda é muito incipiente. Ao mesmo tempo, não se confirma na prática a suposição de que a prostituta é uma mulher livre.

Interessante que essa experiência (e muitas que se seguiram) conflite com o discurso que eu conheceria pouco depois, no movimento de prostitutas, nas falas maravilhosas de Gabriela Leite, fundadora da Rede Brasileira de Prostitutas e idealizadora da marca Daspu. Coisas muito lindas e festivas sobre liberdade e prazer, que sem dúvida me encantaram e ainda me encantam, embora não chegassem a conquistar a jovem prostituta que eu era e tampouco batessem com o que eu ouvia no meio em que trabalhava.

De um modo ou de outro, porém, Gabriela me trazia uma visão interessante de mim mesma: se ela podia ser puta e falar, escrever e atuar politicamente, então eu, puta como ela, também podia. Por que não?

Se o discurso ousado e provocante com o qual o movimento de prostitutas tentava (e conseguia) se impor muitas vezes me soava vazio, pensando nele como prostituta, confesso que o pânico que essas ideias causavam na sociedade me mostrava seu potencial revolucionário. A ideia de que putas pudessem ser mulheres livres, pensantes e senhoras de si aterrorizava e aterroriza ainda hoje desde os conservadores de direita até as feministas ditas radicais de esquerda – e não é à toa.

Uma mulher que enfrenta toda a cultura de uma sociedade violentamente machista, que se apropria de seu corpo e de sua sexualidade a ponto de fazer deles seu meio de vida, e que não se envergonha disso – muito pelo contrário – mete muito medo. Um dos dogmas mais potentes da sociedade patriarcal é que a palavra da mulher que faz sexo, muito sexo, e não esconde que faz, deve ser imediatamente desqualificada, e essa mulher, ela mesma, destituída de valor. Enquanto isso, o movimento de prostitutas estava lá, ocupando espaços, amplificando vozes, trazendo uma perspectiva nova e desafiadora.

As pessoas que se acostumaram a nos ver como objetos estranham e se perguntam: que mulher é essa afinal?

Ainda lembro da primeira vez que fui exposta como prostituta. Foi uma amiga, uma grande amiga, minha melhor amiga, que conhecia todos os meus segredos, frequentava os mesmos homens que eu, compartilhava comigo as mesmas fantasias. Foi ela a primeira a contar ao mundo que eu estava me prostituindo aos meus 20 anos. Procurou minha família e contou do *pager* que eu tinha alugado e da agência que eu estava frequentando.

Quase 20 anos se passaram, saí e voltei muitas vezes do meio, mas sempre me preservando. Então novamente uma amiga – dessas em quem a gente confia tanto que vai a festas de *swing* juntas e convida para madrinha de casamento – me denunciou. Ela encontrou fotos minhas em um site de acompanhantes e mostrou para todas as nossas amigas e amigos em comum. Eu não era mais uma pessoa confiável para ela: eu passara a cobrar por sexo.

Cansada de viver com medo, e tendo ainda nesse meio-tempo que lidar com ameaças e chantagem, decidi que não esconderia mais nada de ninguém.

9.

UM DEBATE TRUNCADO PELO PÂNICO MORAL: A REGULAMENTAÇÃO DA PROSTITUIÇÃO NO BRASIL

Por conta dos efeitos desastrosos que as políticas de repressão à prostituição têm na vida das pessoas que a exercem – em sua maioria mulheres pobres e únicas mantenedoras de suas famílias –, muitas organizações de defesa de direitos humanos, como a Anistia Internacional, preconizam há algum tempo a legalização total do trabalho sexual ao redor do mundo. Na maioria dos países, as leis sobre a atividade têm como principal objetivo acabar com ela, precarizando com isso a vida de quem a exerce e empurrando mulheres para a clandestinidade e o isolamento social. Essas leis têm sido incapazes de acabar com a atividade, mas são bastante eficazes para precarizar a vida das prostitutas – e isso mesmo em países onde a atividade, desde que exercida de modo independente, não configura crime. A grande questão: é possível exercer alguma atividade de modo completamente independente? Aparentemente, não.

Outra questão se refere à completa impossibilidade de extinguir uma atividade apenas a partir de leis, ainda que as leis sejam profundamente desempoderadoras para as prostitutas.

O debate recente sobre a regulamentação do trabalho sexual no Brasil, suscitado a partir da apresentação do projeto de lei 4211/12, que o deputado Jean Wyllis (PSOL-RJ) propôs, trouxe à tona evidências da violência de alguns setores do movimento feminista em relação às trabalhadoras sexuais e à sua luta por direitos. Em dezembro de 2013, pouco menos de dois meses depois da morte de Gabriela Leite, o setorial de mulheres da CUT (Central Única de Trabalhadores) lançou uma nota posicionando-se contra a regulamentação do trabalho sexual como trabalho, no que foi seguido pela Marcha Mundial das Mulheres, num ato de claro desrespeito à autonomia e à luta de uma categoria de trabalhadoras e trabalhadores historicamente estigmatizada.

Em resposta a esse posicionamento nasce, em dezembro de 2015, a CUTS, organização em rede que agrega diversas associações de prostitutas de todo o Brasil. Se a CUT diz que nosso trabalho não é um trabalho, nós estamos aqui para afirmar: nós somos, sim, trabalhadoras. Somos uma classe imensa de trabalhadoras que segue à margem de qualquer reconhecimento ou direito.

O trabalho sexual, entre outros que são exercidos por mulheres, foi um dos trabalhos interrompidos na paralisação mundial de mulheres em 8 de março de 2017. Como é possível, então, continuar insistindo que o trabalho sexual remunerado não é, de fato, um trabalho?

Seja como for, há questões sobre o projeto de lei 4211/12 que precisam ser levadas em conta. A primeira é justamente o fato de o texto ter sido redigido pela equipe do deputado Jean Wyllis e pela Rede Brasileira de Prostitutas – que era, naquele momento, a única instituição nacional de defesa dos direitos das trabalhadoras sexuais. Isso, por si só, já torna o projeto respeitável e defensável. Apesar disso, foi apelidado de "PL do cafetão" por setores mais conservadores do feminismo, que se negam a levar em conta o risco envolvido em uma atividade como a prostituição – que, apesar de legal, é exercida em espaços que operam à margem da lei. Seria mais seguro para todas nós se pudéssemos atuar em estabelecimentos legalizados e regulamentados. Aparentemente, porém, nossa segurança enquanto pessoas trabalhadoras não é uma preocupação real. Se o projeto de lei fosse aprovado, passaríamos a contar com mecanismos legais para cobrar o que nos é devido tanto pelo dono (ou dona) do estabelecimento quanto pelos clientes. A regulamentação nos traria não apenas segurança financeira, como também proteção contra o assédio e outros tipos de violência.

Uma questão que gera controvérsia é a cláusula que define o que é ou não exploração, e permite que o estabelecimento retenha até 50% do valor do programa. Bom, é importante lembrar que, para o programa acontecer, a casa investiu em anúncios, conforto, segurança. Viu-se nisso uma espécie de regulamentação da exploração; seria interessante, então, pensar no conceito de exploração do trabalho, sempre presente nas relações laborais. Na prática, quantos e quais trabalhadores sabem qual percentual do lucro da empresa sobre seu trabalho chega às suas mãos? Para ficar no tema das profissionais autônomas, costumo usar o exemplo das manicures ou cabeleireiras, que ficam, em média, com entre 40% e 60% do valor cobrado por seu trabalho (e normalmente levam seu próprio material e até sua própria agenda de clientes, usando apenas o espaço disponibilizado pelos salões). O modo como os proprietários desses espaços negociam com suas colaboradoras é bem parecido com o que o projeto Gabriela Leite propõe: a casa fica com um percentual de até 50% do valor cobrado por um encontro, negociável com a trabalhadora. Hoje, as melhores casas já não cobram percentual sobre os programas; ganham com a venda de bebidas, cobrança de ingresso e locação de quartos. Já clínicas e estabelecimentos que funcionam durante o dia, além desse percentual – que normalmente gira em torno de 50%, mesmo –, cobram multas. Sim, multas. Você pode ser multada por atraso, por falar palavrão, se o cliente fizer alguma reclamação sobre sua higiene, por faltas, ou por qualquer coisa que a gerência decida que merece punição. Como boa parte do lucro dessas casas vem desse tipo de cobrança, não é impossível que algumas venham a fechar as portas se forem regulamentadas.

O projeto não prevê vínculo trabalhista real para as trabalhadoras sexuais, e sim que elas possam atuar como autônomas ou em cooperativas. Algumas trabalhadoras com quem conversei consideram positivo que não haja vínculo com as casas porque costumamos trocar de casa – ou mesmo de cidade – conforme o movimento. Outras, e cito como exemplo as mulheres da Articulação Norte-Nordeste de Profissionais do Sexo, consideram que seria muito importante o vínculo empregatício, já que muitas trabalham longos períodos na mesma casa, o que gera compromissos como frequência mínima e horário a cumprir. O PL peca por não levar em conta tais situações, frequentes em clínicas de massagem, termas e saunas de cidades menores ou das grandes metrópoles. Mesmo nas casas onde passamos poucas horas, temos um horário limite para entrar e um horário mínimo de saída, o que já caracteriza uma obrigação maior da parte da trabalhadora do que da casa – que nos garante um lugar quentinho e seguro para trabalhar, movimento e publicidade, mas não paga um valor mínimo pela presença na casa (antigamente, em noite de movimento zero, alguns estabelecimentos bons pagavam à trabalhadora um valor básico, suficiente para ela pegar um táxi de volta para casa).

A legislação brasileira atual não permite que nos organizemos para trabalhar em cooperativas. Embora a Constituição de 1988 garanta que todo trabalhador pode se organizar legalmente em cooperativas (artigo 174, parágrafo 2º), esse tipo de associação é vetado às trabalhadoras sexuais pelo Código Penal (artigo 228, que trata de exploração sexual e facilitação da prostituição, entre outros). Se duas ou mais trabalhadoras alugam um local para trabalhar juntas, isso pode configurar legalmente que uma explora a outra. Vejo aí um vácuo legal interessante: a atividade de profissional do sexo passou a constar na CBO em 2002. Se a Constituição de 1988, promulgada antes, permite que todo trabalhador se organize em cooperativa, quando a prostituição passa a constar na CBO a cooperativa passa a ser uma opção considerável para as trabalhadoras sexuais, apesar das questões relativas ao trabalho sexual seguirem constando do Código Penal. Resta saber, agora, quais de nós teriam coragem de se arriscar nessa empreitada de peitar o Código Penal, criando a primeira cooperativa de putas do país.

Outra questão que ouço seguidamente vem impregnada de estigma: as pessoas acreditam que, com a prostituição regulamentada, mais mulheres passariam a exercê-la. Isso é algo tão equivocado quanto considerar que a legalização do aborto seria um incentivo para que mais e mais mulheres abortassem – uma suposição que já se mostrou falsa em países onde o aborto foi legalizado – ou que, se legalizarmos as drogas, viveremos todos permanentemente drogados. O fato é que a regulamentação não afasta o estigma, assim como a ilegalidade não tem impedido mulheres de adotar esse trabalho.

É verdade que muitas mulheres – muitas mesmo – recorrem à prostituição por não ver saída melhor para sua vida, por considerar suas poucas alternativas ainda piores ou impraticáveis. Este me parece motivo mais do que suficiente para garantir direitos a elas. É assim que pensamos em relação ao trabalho doméstico e a outros trabalhos precários: se há pessoas que precisam exercê-los, que tenham ao menos um mínimo de garantias.

Tenho achado que a legalização total do trabalho sexual é um bom caminho. Na Nova Zelândia, onde o trabalho sexual é totalmente legalizado, com relações de trabalho regidas pelas mesmas leis que regem todas as outras atividades, recentemente uma trabalhadora sexual obteve ganho de causa num processo que moveu contra seu chefe por assédio moral e sexual. É algo inimaginável nos países onde o trabalho sexual segue sendo exercido à margem da lei.

Garantir os direitos das mulheres, de todas as mulheres, passa por aí: é preciso legalizar todos os nossos espaços de trabalho. Se é verdade que a maioria das pessoas envolvidas no trabalho sexual são mulheres, não há luta pelos direitos das mulheres que não envolva resolver a questão do trabalho sexual. Continuar apoiando leis que tornam a atividade ainda mais precária e estigmatizam ainda mais as prostitutas não beneficia mulher nenhuma.

Embora eu possa reconhecer que a utopia de banir o trabalho sexual seja válida e, em certo sentido, bela, não posso deixar de perceber a distopia nela contida quando aplicada ao mundo em que vivemos hoje. Em um momento em que políticas de austeridade sufocam as pessoas pobres mundo afora cada dia mais, o desemprego é ameaça constante e as mulheres continuam precisando sustentar suas famílias haja o que houver, banir a prostituição do planeta só fará empurrar mais e mais mulheres para a clandestinidade e para condições cada vez mais precárias de vida e trabalho. Não é delírio imaginar que, em tempos de crise, mais e mais mulheres recorrerão ao trabalho sexual como forma de fugir da miséria. De algum modo, é preciso garantir a essas pessoas um mínimo de segurança.

Defender a legalização total das relações envolvidas na indústria do sexo não exclui deixar de cobrar dos governos políticas públicas que garantam mais e melhores opções para todas as mulheres e salário igual para trabalho igual. Significa apenas que, por um momento, deixaremos de punir mulheres por terem tido poucas escolhas na vida.

Basicamente, o que quero dizer é que nós, trabalhadoras sexuais, na maioria das vezes somos, apenas, mulheres de origem humilde tentando escapar da pobreza. Em algum momento de nossa vida, o trabalho sexual – com todas as suas questões e a opressão que lhe é inerente – nos surgiu como uma boa opção, como a melhor possível entre as poucas disponíveis. Cada uma de nós o exerce por motivos diferentes, e a maioria deles está sim ligado a questões financeiras. Estamos juntas contra as opressões, contra a violência, contra a brutalidade do sistema em que vivemos; somos aliadas das lutas por direitos de todos os trabalhadores.

Nós existimos, nos alimentamos, cuidamos das pessoas queridas, trocamos suas fraldas; alimentamos as crianças e as encaminhamos para a escola; amparamos e cuidamos de nossos velhos. Sonhamos. Gostamos do cheiro da grama molhada e do barulho das ondas. O sorriso de nossas crianças quando vamos buscá-las no fim do dia são exatamente iguais ao sorriso das crianças de vocês, das pessoas que não exercem o trabalho sexual. Compartilhamos as mesmas angústias: a violência urbana, a desigualdade crescente, os icebergs gigantes que se desprendem dos polos, os atentados terroristas, a fúria dos neonazistas. Pouca coisa nos separa umas das outras. Somos humanas. Eu sou como você.

Considere parar e ouvir o que uma trabalhadora sexual diz como se estivesse ouvindo qualquer outra pessoa.

Ninguém perde com isso.

Ao contrário: ganhamos todas.

BIBLIOGRAFIA

ALBUQUERQUE, Fernanda Farias de; JANNELLI, Maurizio. *A princesa*: depoimentos de um travesti brasileiro a um líder das Brigadas Vermelhas. Rio de Janeiro: Nova Fronteira, 1995.

AMMAR: http://www.ammar.org.ar/

ANTRA. Mapa dos assassinatos de travestis e transexuais no Brasil em 2017. Disponível em: https://antrabrasil.files.wordpress.com/2018/02/relatc3b3rio-mapa-dos-assassinatos-2017-antra.pdf Acesso em: jun. 2018.

APROSEX: http://www.aprosex.org/.

BENVENUTTI, Lola. *O prazer é todo nosso*. Araraquara: MosArte, 2014.

DESPENTES, Virginie. *Teoria King Kong*. São Paulo: N-1 Edições, 1996.

DWORKIN, Andrea. Prostitution and Male Supremacy. *Michigan Journal of Gender & Law*, V.1, 1993. Disponível em:.https://repository.law.umich.edu/mjgl/vol1/iss1/1/. Acesso em: jun. 2018.

Facción Latina - Encuentro Facción 2015: http://faccionlatina.org

FEDERICI, Silvia. El Patriarcado del Salario: "Lo que llaman amor, nosotras lo llamamos trabajo no pagado". *Prensa Comunitaria KM*. 169, 21 abr. 2015. Disponível em: https://comunitariapress.wordpress.com/2015/04/21/el-patriarcado-del-salario-lo-que-llaman-amor-nosotras-lo-llamamos-trabajo-no-pagado/ Acesso em: jun. 2018.

_____. *Caliban e a bruxa*: Mulheres, corpo e acumulação primitiva. São Paulo: Elefante, 2017

Federici sur le sexwork, le stigmate, le féminisme. Disponível em:

https://feminismeetputerie.wordpress.com/2014/03/15/question-ok-2/ Acesso em: jun. 2018

FERREIRA, Ana Bela. Mães de Bragança passaram a ir a salões de beleza. E pensam no divórcio. *DN*, 15 jun. 2016. Disponível em: https://www.dn.pt/sociedade/interior/maes-de-braganca-passaram-a-ir-aos-saloes-de-beleza-e-pensam-no-divorcio-5227975.html Acesso em: jun. 2018.

Fundação Scelles: https://www.scellesfoundation.org/

GOMBATA, Marsílea; Gabriela Leite, fundadora da Daspu: da Vila Mimosa ao Congresso Nacional? Disponível em: http://www.terra.com.br/noticias/infograficos/gabriela-leite/index.htm Acesso em: jun. 2018.

GRANT, Melissa Gira. *Playing the Whore:* The Work of Sex Work. Jacobin, 2014.

JONG, Erica. *Medo de Voar*. São Paulo: Círculo do Livro, 1973.

JULIANO, Dolores. "Si la prostitución no fuera acompañada del rechazo social, podría resultar atractiva para más personas", 2014. Disponível em:

http://www.pikaramagazine.com/2014/03/si-la-prostitucion-no-fuera-acompanada-del-rechazo-social-podria-resultar-atractiva-para-mas-personas/ Acesso em: jun. 2018.

LEITE, Gabriela. *Eu, mulher da vida*. Rio de Janeiro: Rosa dos Tempos, 1992

_____. *Filha, mãe, avó e puta*: a história de uma mulher que decidiu ser prostituta. Rio de Janeiro: Objetiva, 2008

LENZ, Flávio: Gabriela Leite, prostituta que viveu e promoveu a liberdade. Disponível em: http://www.e-publicacoes.uerj.br/index.php/revistaempauta/article/view/15094. Acesso em: jun. 2018.

LUXOR, Dommenique. *Eu, Dommenique*. São Paulo: Leya, 2012.

MALTCHIK, Roberto: Câmara rejeita regulamentação da prostituição. Disponível em: http://g1.globo.com/Noticias/Politica/0,,MUL172752-5601,00.html. Acesso em: jun. 2018.

MERTEUIL, Morgane. Construindo um sindicato de trabalhadoras sexuais: desafios e perspectivas. Disponível em: http://midianinja.org/moniqueprada/construindo-um-sindicato-de-trabalhadoras-sexuais-desafios-e-perspectivas/ Acesso em: jun. 2018.

MOIRA, Amara. *E se eu fosse puta?* São Paulo: Editora Hoo, 2016.

MORENA, Fernanda. "O desafio é não se submeter ao desejo alheio", diz Monique Prada. *Carta Capital*, 24 jun. 2015. Disponível em: https://www.cartacapital.com.br/sociedade/monique-prada-9583.html Acesso em: jun. 2018.

Movimento Mães de Bragança. Disponível em: https://pt.wikipedia.org/wiki/Mães_de_Bragança Acesso em: jun. 2018.

MundoInvisivel.ORG: mundoinvisivel.org

NEIRA, Montse. *Una mala mujer*: la prostitución a descubierto. Barcelona: Plataforma, 2012.

OLIVEIRA, Vanessa. *O diário de Marise*: a vida real de uma garota de programa. São Paulo: Matrix, 2006.

Paro Internacional de Mujeres - International Women's Strike http://parodemujeres.com

PIRES, Laura. Bolsa família e empoderamento feminino. *Capitolina*, ano 1, edição 9, 13 dez. 2014. Disponível em: http://www.revistacapitolina.com.br/bolsa-familia-e-empoderamento-feminino/ Acesso em: jun. 2018.

PRADA, Monique. Silvia Federici fala sobre trabalho sexual, estigma e feminismo. Disponível em: http://mundoinvisivel.org/silvia-federici-fala-sobre-trabalho-sexual-estigma-e-feminismo/ Acesso em: jun. 2018.

Programas sociais fortalecem o empoderamento das mulheres. *Governo do Brasil*, 8 mar. 2016. Disponível em: http://www.brasil.gov.br/cidadania-ejustica/2016/03/programas-sociais-fortalecem-o-empoderamento-das-mulheres Acesso em: jun. 2018.

Putíssima Trindade. Disponível em: https://youtu.be/Q1U0--YzJ8Q Acesso em: jun. 2018.

SILVA, Mário Bezerra da. Profissionais do Sexo e o Ministério do Trabalho. Disponível em: http://www.ambito-juridico.com.br/site/index.php?n_link=revista_artigos_leitura&artigo_id=52 33. Acesso em: jun. 2018.

SIQUEIRA, Indianara. *Indianare-se*. Disponível em: https://issuu.com/indianarasiqueira-50.169/docs/230816_indianara_manifesto_issuu_pa Acesso em: jun. 2018.

SOUZA, Fabiana. Prostituta como primeira e mais sublime vocação da mulher: matéria polêmica publicada na Folha. Disponível em: https://grupodeestudostrabalhosexual.wordpress.com/2012/03/07/prostituta-como-primeira-e-mais-sublime-vocacao-da-mulher-materia-polemica-publicada-na-folha/ Acesso em: jun. 2018.

SURFISTINHA, Bruna. *O doce veneno do escorpião*. São Paulo: Panda Books, 2005.

Transgender Day of Visibility 2016 - Trans Murder Monitoring Update. *Transgender Europe*, 30 mar. 2016. Disponível em: https://tgeu.org/transgender-day-of-visibility-2016-trans-murder-monitoring-update/ Acesso em: jun. 2018.

URACH, Andressa. *Morri para viver*. São Paulo: Planeta, 2015.

ESTE LIVRO FOI IMPRESSO
PELA GRÁFICA **CROMOSETE**
EM PAPEL **OFFSET 120**.